LOOKING FOR SAINOV

寻找沙依诺夫

俄罗斯人的成都传奇

刘 勇 主编

四川文艺出版社

图书在版编目（CIP）数据

寻找沙依诺夫：俄罗斯人的成都传奇/刘勇 主编
. -- 成都：四川文艺出版社,2016.8
ISBN 978-7-5411-4396-0

Ⅰ.①寻… Ⅱ.①刘… Ⅲ.①沙伊诺夫—回忆录
Ⅳ.①K835.125.5

中国版本图书馆CIP数据核字（2016）第169675号

XUNZHAO SHAYINUOFU ELUOSIREN DE CHENGDU CHUANQI

寻找沙依诺夫：俄罗斯人的成都传奇

刘勇 主编

责任编辑	余 岚　奉学勤
封面设计	叶 茂
内文设计	四川经典记忆文化传播公司
责任校对	文 诺
责任印制	唐 茵
出版发行	四川文艺出版社（成都市槐树街2号）
网　　址	www.scwys.com
电　　话	028-86259285（发行部）　028-86259303（编辑部）
传　　真	028-86259306
邮购地址	成都市槐树街2号四川文艺出版社邮购部　610031
印　　刷	成都市金雅迪彩色印务有限公司
成品尺寸	168mm×238mm　1/16
印　　张	14.5　　　　　字　数　230千
版　　次	2016年8月第一版　印　次　2016年8月第一次印刷
书　　号	ISBN 978-7-5411-4396-0
定　　价	48.00元

版权所有·侵权必究。如有质量问题，请与出版社联系更换。028-86259301

专家委员会

主　任

马向阳　郭　月　李志强　Фарисенкова Л.В.

副主任

王晋蓉　徐仲旭　时　勘　Кириллов В. А.

委　员

牛进生　张　蓓　刘玉龙　吴小冬

编写委员会

主　编

刘　勇

副主编

孙丹年　高德文　宋立新　周伯征

编写人员

银昌明　刘　芳　沙　飞　李　芬　易　红

罗德琼　梁恩倩　绍又乔　虹　韵

Томакс П.С.　Санкин Т.В.

一个人的命运集结了众人的故事

与生命和爱情同等宝贵

我血液中的自由元素啊

由心灵指引

如波涛涌动

挣脱束缚

远离暴虐

东方晨曦中闪烁启明星

永恒的召唤正熠熠生辉

拂开纪念碑上凝满

晶莹露珠的常春藤

为了镌入

善良、正直、宽容和友爱

我们跨国寻找

从成都到奥伦堡

辽阔伏尔加的空蒙雾气

融入了滔滔岷江……

万里寻亲团全体成员

序一

人类命运的镜子

Зеркало человеческой судьбы

俄罗斯驻华大使馆 特命全权大使 安德烈·杰尼索夫

本书给读者揭示并讲述了艾哈迈德·侯赛因诺维奇·沙依诺夫的一生。他是一位来自俄罗斯的普通人，后在中国找到自己的第二故乡。

艾哈迈德·沙依诺夫高寿的一生是和20世纪俄罗斯以及中国历史上的许多可歌可泣的英雄悲壮事件紧密联系在一起的。他经历了两次世界大战、俄罗斯内战和抗日战争。

已是成年人的艾哈迈德·沙依诺夫在命运洪流的推动下来到了中国成都。在这里他获得家庭幸福，喜迎儿子和女儿的降生——他们都是新中国的公民。长期远离俄罗斯并没让沙依诺夫忘记自己的根，忘记自己的母语和俄罗斯文化，他在成都建了"俄罗斯庭院"，在中国的"心脏"地带四川省开创和奠定了系统学习俄语的基础实践。

作为一个曾经的乡村教师，后来又在成都的中学和大学教授俄语的艾哈迈德·沙依诺夫培养出了整整一代未来的政府官员、文化和教育工作者。四川大学是当今得到公认的俄罗斯研究中心之一，其中也有艾哈迈德·沙依诺夫的功劳。

这里要特别感谢刘勇、孙丹年和宋立新（Симаков А.В.）等专家教授，没有他们，这本书的出版是不可能的。

缘于众人的付出我们才能够拜读到艾·侯·沙依诺夫的日记手稿。我相信，这本书中所描写的这些人命运的故事，任何人看了都不会无动于衷。

А.ДЕНИСОВ 15 февраля 2016 годаг·Пекин

安·杰尼索夫 2016年2月15日于北京

序二

人文精神的默默寻求

吴 野

在成都，有一个不算大的群体。

这是一个独特的群体。活跃于其中的人，论年纪，包含了耄耋老者，精明强干的中青年。论职业，从街头的三轮车夫到大学教授，从基层公务员到各行业的栋梁之才。论国籍，有中国人，也有俄罗斯人。他们从事共同的追求，不炫耀，不张扬，不求回报，却一干二十余年，无怨无悔。

他们孜孜不绝追求的，究竟是什么？一个又一个故事，虽然算不了多大的事儿却牵扯着我们的心跳、让我们咀嚼不止，因为它正好激活了时时在我们脑子里蹦跳着的现代人都应当具备的"人"的精神。

第一个故事把时间拉回到一战开始的年代。一个在俄罗斯边远地区教书的年轻人沙依诺夫被征召入伍。他糊里糊涂地被卷入第一次世界大战的狂潮中。这狂潮把他东抛西掷，竟莫明其妙地把他抛到了他做梦也不会想到的民国时期的中国。听天由命，从东北到上海，由武汉而重庆，最后落足于成都，在七中当了数年的俄语教师。这个被命运抛到成都这个古城的俄国人能不能同这里的人们融洽相处，平静安详地度过一生呢？

第二个故事里，在成都街头，一个被生活压得憔悴不堪的三轮车夫用自己学过的不多的俄语同这个俄罗斯人进行了一次简单的交谈。惊喜不已的俄语教师终于找到了渴望已久的融入当地人生活的窗口。两个国籍不同年纪迥异的人很快就成了朋友，频频来往，逐渐地越来越深入地了解着对方。这个三轮车夫不但得到一个尽心尽力教他的教师，而且在为人处事上，在看待人生境遇上，他是不是会引发更多的思索，从而逐步迈入另一个境界呢？

接着，在第三个、第四个故事里，有更多的中国人和更多的俄国人，像雨点一般渗入到这个小小的群体里，一起来探究由沙依诺夫引发的种种值得思考的问题。这里，有在成都各行各业工作的青年人和中年人，有中国的教授，也有俄国的教授，有在俄国读书的中国青年，也有到中国求学、求职的俄国青年。他们在追踪沙依诺夫事件的过去与现在，也自然而然地思考着它带给人们的种种启示。于是，事情发生了奇妙的深化与拓展。一战老兵的故事成为它的骨架，渗透于其中的是更深层次的思考。人们在二十多年的追索中，是不是也在让浸润开来的思路呼唤着人文精神的宏扬呢？

是的，人生是艰难的。虽说人生短促，转眼就可能过去。但这不算长的时日，总会给人们留下味之无穷的咀嚼。无数前人留下的思考，正在把我们这一代人推向更深的思虑。人是需要一定的物质条件才可能求得生存与发展的，但是，在这个坡坡坎坎的历程中，我们如何才能始终如一地保持灵台的清明，经得起风风雨雨，才能以乐观积极的心态去面对一切？我们如何与人相处，才能变得从容睿智，值得信赖？简而言之，我们是不是要求得在人文精神上的升华，为每一个独立的心灵获取深厚的文化底蕴？

沙依诺夫到中国后，虽然前途难料，但他总是以积极的态度，务实而乐观地应对。在新中国成立前后的两个时期，他都坚定地申请中国国籍，也都得到了友好的回应。他在成都一住数十年，抱着"此心安处即故乡"的态度，同家人，与同事，与学生，同一切愿意与他交往的人，和善相处。中国人民，特别是成都人民一直以热情的态度，开放的心态，接纳他，尊重他，使他安详地在九十一岁高龄时才离开人世。今天，一批中国人和俄罗斯人还在一起研究有关他的一切。这不仅是对沙依诺夫的悼念，更是他们对自我的一次超越。在二十多年间，他们在自己的业余时间里，做出了难以想象的工作，也让自己获得了开阔的思维、广泛的见识。他们在感悟生活带来的深层内涵时，也不忘和周围的人分享。于是才有了这本书的出现，念及这一切，我不能不向这一小群人表达我的敬意。

目录

引子 /14

上部

百年传奇：
一个名叫沙依诺夫的成都人

沙依诺夫回忆录

对　峙 / 4

教　师 / 11

厌　战 / 16

逃　离 / 26

生　计 / 40

成　家 / 57

抗　战 / 59

校园里 / 71

下部 一抔黑土：寻找沙依诺夫

第一章　成都有一个"俄语群"

会俄语的三轮车工人白美鉴　/82

大家都叫他"沙洋人"　/84

一台录音机　/88

沙洋人有个大家庭　/89

中国妻子蓝笑梅　/91

大女儿沙玛莉　/94

老三届学生罗德琼　/97

刘勇记忆中的夏天　/99

俄语班来了个高龄学员　/102

学霸村姑钟雪茹　/105

走进荧屏的三轮车夫　/106

第一次亲密接触　/109

白美鉴的信　/111

古力奇　/115

飞机工程师瓦洛佳　/117

目录

俄罗斯的川妹子 /118

围棋冠军铁木尔 /121

亲爱的安德烈，你在哪里？ /123

托利亚独特的家史 /127

沙黛玉 /129

孤独的凝视 /133

街道干部高德文 /137

俄罗斯笔友 /138

第二章 泛黄的百年手稿

一、手稿诞生记

"百年传奇"浮出水面 /143

手稿前五十六页遗失 /145

团队合作，翻译手稿 /147

翻译中的难点和疑点 /149

二、众人谈手稿

他是一个将来时的人 /151

向往寻常生活 /155

这不仅是日记，更是文学佳作 /156

一朵美丽的浪花 /158

我们都在寻找一些东西 /159

爷爷有一颗充满了爱的心 /160

第三章　寻亲的故事

一、寻找·一抔黑土

遗愿与作业　/162

万里寻亲团　/163

在奥伦堡　/165

一抔黑土，魂兮归兮　/172

俄罗斯国家电视台采访寻亲团成员　/174

二、印象·美丽的俄罗斯

沙侬诺夫曾外孙的记述　/178

寻访俄罗斯　/180

热情的俄罗斯民众　/188

柳芭与巴维尔的传神爱情　/189

附　录

附录一：沙侬诺夫的人生经历　/192

附录二：成都七中学生回忆沙侬诺夫老师　/202

附录三：多少话留在心上　/210

后　记　/214

引 子

一个跨国界的俄语群、朋友圈,民间的亲情互动正悄然延伸着更多的枝蔓传奇……

成都北郊凤凰山上,回族穆斯林园陵,排排大树高高耸立,沙沙秋叶风中摇曳,树下一座墓碑镌刻着六字名:"叔旦·沙依诺夫"。2013年9月中旬,一位年逾八旬的老人前来祭拜,同来的不仅有她的子孙,还有成都的一个俄语群。原来墓主人是她的父亲,俄罗斯鞑靼成都人,1919年来到中国,1937年,抗战期间他曾任第七战区刘湘司令部少校技师,见过鲍罗廷,也曾为邓锡候、马德斋等四川名人开车,1949年后他圆了乡村教师的梦想,成为成都七中的俄语教师,桃李满天下。

沙依诺夫居住中国六十五年,带来了他平和的性格、职业操守以及先进人士的超然品行……1961年,他从中铁三局退休后无偿为所有愿意学俄语的人提供帮助,直到九十多岁。在俄国就参加过第一次世界大战的他,当刘湘去世后,用木船逆水而上,从武汉运回重庆两辆司令部的战车,使其免于落入日本人之手。1931年、1934年他先后与一对中国姐妹演绎出两场旷世之恋。如今他的四代子孙都是地道的成都人。

1984年,九十一岁的沙老仙逝,临走前,他不断嘟囔的究竟是什么?是俄语还是鞑靼语?他是带着遗憾离开了亲友的,那究竟是怎样的遗憾?百年沧桑,生离死别,爱情、友谊、对话,俄语群与沙家,二十年前发现的沙老俄文手稿里究竟记录了些什么?老人一生又谱写和创造了怎样的中俄民间交往传奇?

让我们翻开沙老的这份日记手稿——一部神秘的回忆录,追寻沙老的脚步,伴随他跌宕起伏的传奇人生,一起去感受他所经历过的俄罗斯与中国这一百多年来的风雨沧桑!

百年传奇

一个名叫沙依诺夫的成都人

沙依诺夫回忆录

沙依诺夫回忆录中文译稿是从沙依诺夫俄文笔记本第57页开始,第1页至56页遗失,仍在寻找中……

对　峙

1914年，沙依诺夫从俄国一所师范院校毕业，分配教小学。第一次世界大战爆发，他被征兵上前线，在战壕中与德军对峙。

1

但就在这个晚上，我的眼睛出了问题，我不明白，我的眼睛就像被蒙住一样，任何东西都看不清楚。后来来了一个兵把我领过去，大夫给了我一些药，用药以后这种情况就再也没有发生过。头一晚我们连的一个少尉要带我去侦察，连长没同意他这么做，连长给他解释说："新兵初来前线，首先必须搞清自己阵地的位置和情况，只有在弄清自己阵地的情况后才去侦察。"

后来在一次休整期间，我们连的一个年轻准尉告诉我，当时那个少尉去侦察时带了一位新来的军官一起去，但返回时带着那位新来军官的尸体。少尉详细告诉了连长事发的经过，说新来的军官被德国人打死了，而少尉则瞅准机会将他背了回来。部队在此地停留了几天。那些天我到阵地最前沿只去过两三次。换防后，我们被安排到了一个村子里休整，休息两天以后，我们连队的头头们去勘察了此前废弃

● 青年沙依诺夫

的战壕和掩蔽所,以及撤离时的周边地形。那些战壕里满是积水,掩蔽所也全部坍塌。

这一地带地势平坦,不过,遍布致命沼泽。进出战壕的通道因此都是很难行的。我们沿另一条路返回,路也不见得好多少。我紧随其他人之后,机警地环顾四周,一不小心我一脚踩偏,立刻掉进一段废弃的战壕里,陷入齐胸深的泥潭,这段战壕里积满了水。时值深秋,水又冰凉,大伙立刻把我拖出战壕,决定返回村里。当我们步行到宿营的村庄,天空已经是星星闪烁。勤务兵已经在街上升起篝火准备晚饭。我冷得牙齿打战,急忙换了衣服坐到篝火旁,一边取暖一边烤衣服,我想弄不好要大病一场。结果只是虚惊一场,甚至连轻微的伤风感冒都没有。过了两天,我们的少尉说他病了,紧接着就卧床不起。这时,一个上级当官的带着随从经过我们驻地,我们连长陪着他到处走走看看,不经意间走进我们住的农舍。一声口令"军官先生们到!"按照条例,除了病号以外,我们全都站了起来。和我们连长以及其他人略为攀谈几句后,当官的问道:"这个人怎么躺着不站起来?"他一个人躺在床上睡觉,而在当官的进来后没有站起来立正。要知道,在当官的进来时,在床上睡觉的少尉应该清楚地听见"军官先生们到!"的口令。听到这个口令,所有人都应该立即起立立正。

我们连长告诉当官的说这位少尉病了。当官的命令立刻把少尉送到部队的野战医院去好好检查一下。当官的离开以后,少尉由一个人陪同送到了部队的野战医院。过了一天,少尉的勤务兵从野战医院回来,收拾好少尉的东西,说病人马上要被送到后方医院,他也随同去了后方——他俩都是西伯利亚人。少尉走后,上面来人进行调查,但已见不到他本人,然后在士兵中就出现一些传言,好像他是持有别人的证件当上了少尉。但这件事情是否是真的我就不知道了。我们团休整六天后,又开拔到另一个地段去换防了。我们全团以急行军速度行进,因为命令要我们尽快和尽早赶去替换先前布防在那儿的那个团。如此急迫地从前线撤换下这个团,在这个时候只有一种解释,就是这个团变得不可靠了。当天我们就遇见从前线撤换下来休整的一支部队,在队伍中我看见了我过去在步兵预备役105团时的连长。由于不允许停留,我们俩只来得及相互喊了一声"保重!"行军途中,我们部队只作了两次短暂的休息,时间刚够抽完一支自制的卷烟,又继续急速前行。午夜时分,我们赶到前线。

2

上头严令禁止我们与前线换防的这个步兵团的人说话。理由是要保持安静。实际上我们也无法与那个团的人说上话。因为被换下来的这个团接到命令走一条路,我们走的是另一条路,本来就相互打不了照面。最高领导当然知道,为什么急着让我们走另一条路把他们换下来,所以才严禁我们和他们交谈。进入换防地段后,我们沿战壕派出了明哨和暗哨。夜里我们要去查岗几次。按条例,暗哨是可以不查的。不过,真实情况完全是另外一回事。值暗哨的士兵们不顾危险,或打瞌睡,或卷烟抽。所以一定是要查岗的!被换下去的部队撤走后,对面德军中的一位德国人用纯正的俄语高喊起来:"喂,俄国佬,俄国佬们听着!""你们这些548楚古耶夫团的士兵们到这新的阵地,你们要和平表现自己,不要开枪,我们也不会开枪,不过如果你们不听劝告,那我们就只能把你们扫平。"我们进入这片阵地还不到半小时,他们就知道我们部队的番号,这简直不可思议。他们居然如此快地就知道我们来换防。第二天早晨,我们透过战壕护墙上的观察孔发现战壕对面有一座德国佬用水泥浇注的地堡,它距离我们很近。我们排的士兵们对他们的存在视而不见,也没有谁从战壕里探出头去认真观察对方的部署。

前线变得平静。第二天晚上我们决定秘密地从所有暗哨位置铺设一根绳至掩蔽洞,而且在掩蔽洞入口前的绳上面挂上空的罐头盒,遇有情况,暗哨就会拉绳通知我们,我们就能提前预防危急情况发生。作为暗哨,众所周知是不许说话,更不许吸烟。不过一位当值暗哨的士兵不顾禁令,想抽烟了,他身上没有火柴,就擅自去另一位暗哨处要火柴。他一不小心脚碰到了消息绳,弄响了那些空罐头盒。大家伙儿听到警告立刻抓起枪冲出掩体,这次警报当然是虚惊一场。我们又听到了对方用俄语喊道:"俄国佬,听听吧!"紧接着德国人也制造了与我们完全一样的声响。然后又问:"这样干到底好不好?"这意味着他们一直在听我方的响动,随时在监视着我们。在我们排的这块地段一切还算平安无事:我们没开枪,德国人也没有向我们开枪,只有唯一一次例外。

那是一天早晨，一个被提前征召来的年仅十七岁的年轻士兵登上深壕护墙的观察哨位站岗，我严令他无论遇到什么情况都别从护墙探出身去。就在我和排长离开他去掩蔽洞轮流睡会儿时，这个年轻战士忍不住好奇心，爬上窄梯探出头往外看。他露出头用望远镜观察德军的阵地。后来从其他士兵处了解到，德军方面只开了一枪，这个士兵就从梯子上栽了下来，只来得及喊了一声"妈妈"，同时还用牙齿咬着军帽。他立即被抬上担架，不过此刻他已经断气，再无需医生的救助了。本来，其实不要望远镜，也看得见对方地堡的情况，因为对方的战线离我们不足一千步，双方之间的距离肯定是被对方精确地测量过，所以他们射击非常准确。

这件事发生以后，大家都变得更加小心，再也没有谁敢把头露出战壕了。我们连右翼有一条叫"杰辛卡"的小河，对岸是另一个营的防地。在一个晴朗的日子，由上司陪同一些军官来到阵地，登上了战壕，也是用望远镜观察德军的一些火力支撑点。其中一位军官有一只猎犬，它老在铁丝网之间刨地，我们从自己的散兵坑里注意到这点，感到很惊讶：我们连的那位士兵刚伸出头就被对方放倒了，而现在这一大群人，却没有谁找他们的麻烦？这群军官看了好大一阵，然后退了下来，各自进了掩蔽所。此时德国人开始有针对地向军官们进的那些掩蔽所开炮，毫无偏差。这些阵地以前曾经被德军占领过。一阵炮轰后，我方死伤无数，不过没有一发炮弹落到我们这片阵地。

看来德国人兑现了自己的承诺，因为我们按照他们的建议表现良好。在离我们这个排驻防大约有半俄里①的阵地坡上，一座塔台好几次被设定为观察哨。当我军炮火开始射击的时候，即当需要时，我们应该从这个观察哨向炮兵提示调整弹着点。一天傍晚，准尉沃托奇科被命令上观察哨观察敌情，他听到德军方向传来斧头劈木材的声音（当时太阳已经落山）。他马上电话召唤我们的炮兵。炮兵还没有来得及开炮，对方就安静下来了。然后我方炮兵还是发射了三四发炮弹才停止。德国人没有反应，对这个观察塔台从没射击。为什么呢？这引起了上级指挥官们的注意，因为这个观察点是显而易见的，而且这个观察哨已经无数次指引过炮兵射击。为什么他们不向这个观察哨射击，不把它击毁？这座观察哨四周所有的大树全部都被损毁。所以上面派了几位志愿者去侦察，如果发现有电话线就会被切断。这个塔台观察哨前

① 俄里：俄制长度单位，1俄里≈1.0668公里。（以下注释除特别标注，均为译者注）

面有一个大的湖，湖那边又是德军的阵地，因此，一天深夜，完全由士兵组成的侦察兵们发现连接到这个侦察哨的一条电线，这根线被人为地做过伪装，铺设在这个湖的水下面，侦察兵们切断了这个通信联系，顺利返回。上司给他们放了一个月的假。不过并不是每一个人都能享受到回家与亲人相聚的待遇，只有严重伤残住院出院后，才能享受到。我们另外一个连队战壕前方，可见杰辛卡河那边德军火力支撑点远处有德国人的一处堆积木垛。我方的炮火曾经打到这个木垛，但是它没有被摧毁，只是打歪了立在上面的一个十字架。从这个点上，德国人可以非常容易地观察我们的情况。比如，如果白天任何一个人被派往后方，那他只能够走到路边立着的一个小纪念碑，就会被击中，不是伤，就是死。

　　在我们和德国人的战壕之间，小河再偏右一些的地方有一座由几幢房子组成的小院落，是一个酿啤酒的作坊。晚上我方和德国人都经常去那里侦察，但双方从未发生冲突。我方离开后，德国人才去。在一次侦察行动中，我方一位侦察兵察觉原在地板上的一堆杂物似乎被挪动过，或者更准确地说是被挪到了另一处。

　　这座小院已经被当地住户遗弃，是谁挪动的杂物？此前这位侦察兵没有发现这一点，当他注意到这点，然后就打开木地板，他撬开了一块地板后发现了一个地窖。"兄弟们，这里有一个地窖！多半下面有德国啤酒！"大家又撬开了一块地板，下到下面后，发现不少大的啤酒桶，经过一番翻动，结果非常遗憾地发现全是没装啤酒的空桶。不过在最后一只桶下面，大家发现了一个手拿电话坐在那里的人，就这样他们抓到了"舌头"。这是我方侦察兵们给我讲的故事。我其实经常偷偷跑离阵地到阵地后方去，躲在被炮弹炸出的深坑里给喀山和家里写信，不过从未收到过一封回信。一天傍晚，整个德军防线方向传来一阵类似于"乌拉"①的高喊欢呼声，而我们没有发现他们有行动。稍后，连长的通信兵来了，告诉我们德国人拿下了里加。我们在这里一直守到秋天。我被派到137师司令部。在穆斯林士兵大会上，我被选为该师穆斯林委员会主席。我多次尝试推脱，解释说我太年轻，不懂政治，请他们另选一位年长的少尉来替换我当这个主席。不过他们告诉我这位少尉已经到军司令部克雷连科准尉那儿去了。

---

① 乌拉：俄语表示欢呼的语气词"ypa"的音译。

3

我确实不懂政治，也不清楚我的职责所在，不过士兵们对我宣称"你为沙皇服过务，现在你要为我们服务"，并且要我遇到开会时，务必要出席会议，维持会议秩序和传达会议做出的决定并付诸实施。一位名叫达芙勒特·基尔杰耶夫的年轻士兵被选为秘书。此后也曾开过几次会。开完第一次会后，我和另外一名士兵去了一趟喀山，买回一大堆鞑靼语的各种小册子、书籍和报纸。如此而来，我们就有了一个小图书馆。相邻师的战士们常来我们这里读报、借书。我们买书的钱是在一座大村庄内庆祝斋月结束穆斯林聚会那一天筹集到的。在其后的一次士兵会上，大家一阵喧闹后决定预先给大家时间放假回家，然后再去罗马尼亚前线，听说在那里集中了不少穆斯林士兵。许多士兵开始离开部队，所以到会的人已经不多了。冬季来临，士兵们衣被单薄，守在战壕里挨冻。临近的尤苏波夫将军那个师开始出现野蛮对待各级上司的情况。

为逃避上述野蛮行径，尤苏波夫师的军官逃到我们137师俄罗斯委员会，向我们讲述了他们师发生的事情。一位在137师俄罗斯委员会当秘书、年轻气盛的犹太人略经思索后弄来一挺重机枪放到雪橇上，随另两位士兵去了尤苏波夫师。他能言善辩，所以让那些冲动的士兵们安静下来，同时还拯救了几位军官。后来在与德国人签署停战协议时，还是这位年轻的犹太秘书去的。回来后，他向我们讲述说他们刚穿过第一道铁丝网，德国人就蒙上了他们的眼睛，带他们穿过战壕，塞进汽车，送到司令部。在司令部解开了他们的蒙眼布，还请他们喝了咖啡。围坐在桌旁的每一个人都有一杯咖啡和一片面包，面包像纸片一样薄，不过面包上放有一片干酪。谈判时有一位年轻的德国军官做翻译，他的俄语讲得十分纯正，谈判后，他们好奇地问他在哪里学的俄语。德国人回答说他原来是莫斯科大学的学生！停战协议签订后，双方就公开有来往了，在双方架设的铁丝网之间，因为士兵们经常来回走动还踩出了一些小道。

德国士兵开始向我们士兵讨要面包吃，他们用表、剃须刀和被盖等物品作为交换，不过我们的士兵们并没有多余的面包，我们的伙食也不怎么样，而且也不可能比德国人好。绝大部分的高层军官是那些德裔将军们。尼古拉

● 北国的冬天：沙依诺夫家乡雪景

沙皇①的妻子（阿丽莎公主）就有德国血统。当然她肯定要千方百计地帮助视为自己人的德国人。留在前线已毫无意义。大量士兵从前线逃离。要想制止他们已不可能，持续三年的战争让大家都感到厌恶，都不再愿意打仗了。士兵们一直处于半饥饿和被虱子叮咬的状态。大家异口同声说的只有一句话："回家、回家！"我有一位在奇士多波尔尉官学校同班同学，名叫塔杰夫。他在师司令部当准尉，他曾经是乌法的一位律师。他建议我也回家，并且说他也准备脱离队伍回家。如果我同意，他就会弄到在路上必要的证件。我答应了他，当天晚上他就弄到了证件。证件证明我们俩去一个新组建师公干。我们立即上了被戏称为"布谷鸟"的窄轨小火车（"布谷鸟"指的是小型机车），只坐了一站，就转乘全部由货车车厢组成的正规火车，车厢里塞满了士兵们。

教　师

一战后，沙依诺夫免服兵役，重回教职。

4

经过千辛万苦和无数次的换乘，过了几天我们最终到了乌法。到乌法前，我就和带着我行李的士兵失散，到了乌法后我发现，他已经提前一昼夜到了乌法。

休整了几天后，我去了当地军管部门。根据萨马拉军区53号命令，我作为教师而被免服兵役，附加条件是我必须马上任教。我得到一份四页证书。证书原文如下：

身份证明

本证明发给548楚古耶夫步兵团士兵，叔旦·基列尔·艾哈迈

---

① 尼古拉沙皇：指尼古拉·亚历山德罗维奇·罗曼诺夫即尼古拉二世（1868–1918），俄罗斯罗曼诺夫王朝末代沙皇。

德·侯赛因诺维奇·沙依诺夫，此证明按照萨马拉军区第53令，他作为教师被彻底解除服兵役的义务。特此，由我签名并加盖公章予以证明。

地方军管处负责人
（盖章）
军事委员　斯蒙奇洛夫

当军事委员写下第一个"士兵"这个单词后，我问他为什么还要写成"士兵"，他冷冷地笑了一下，然后对我说，你早就是准尉了。我回答他说，好久当不重要，但是别人会认为我有意地隐瞒自己的官衔。

"无所谓，你放心！这样也可以，没关系！"他回答道。

上面的文字是我得到的证书的完整文本。这份文件正本我一直保存到不久前，不过当我知道（那是国民政府在成都执政期间）有人去重庆宪兵司令部告发我的消息，说我与苏联有联系后，我害怕被搜查，把这份文件藏了起来。非常遗憾的是，新中国成立后也没能找到。

我拿着这份证书去了当地自治政府，请求恢复我以前任教过的卡尔达耶夫村的教师原职。过一天后，我得到回答，让我去另外一个村的另一所学校，理由是卡尔达耶夫已经有位女教师了，而且不可能去替换她。因为这位女教师有深而广泛的关系，还规劝我不要给她找麻烦。我被安排到另外一个村，这个村离我的表妹（姐）法乌扎教书的村不远。我带上几匹快马（也就是专门用于拉乘客的，这些马被用于驿站之间，即村与村之间拖拉人们乘用的交通工具），就出发去了我的工作地点。在安排我去这个学校的同时，上面还要我严密监视这个学校的校长，因为这个村有不少人告这个校长的状："所有教室无供暖设备，学校没有给学生提供作业本和铅笔，而且经常停课。"

雪橇行驶到学校，我看到那幢建筑物时，心一下就紧了。乘雪橇连校园都进不去——整个学校被大雪掩埋。唯一的一条小道隐约可见，所有窗户都被冰封冻住了。所以我打发马车夫进了村里（这所学校位于村子边上）。校方热情地接待了我，请我吃了茶点，建议我好好休息以解除路途劳顿。他们居然没有问我从哪里来到哪里去。我当时还穿着军官的大衣。我在为我安

百年传奇：
一个名叫沙依诺夫的成都人 | 上部

● 回不去的家，来不及告别的亲人

排的房间里躺下休息,并开始思考接下来我怎么办。过了不到半小时,就开始被臭虫叮咬。当时太阳快落山了,但是臭虫等不及黑夜的到来,就开始拼命地吸我的血。如果我在这里过一整夜,会被咬成什么样子?我十分惊讶一位年轻姑娘怎么能够在这里住下去。因为根据这间房子的布置和墙上挂的照片,我判断这是一个年轻姑娘居住过的房间。我起身抖了抖身上的衣服,然后去了饭厅。房东一家当时还在饭厅就座,各干各的活计。我对他们讲我睡不着,我向校长呈交上我的任命书。校长瞄了一眼这个文件立即发火了。

他对我宣称:他的女儿本来在一个文科女子中学读书,由于缺乏教师,他的女儿没有毕业就被请来任教。现在大家都从前线回来了,他女儿就要被赶出大门。听到这儿,校长妻子和孩子们大哭。现场一片哭喊声。校长站了起来,重重地捶了一下胸口,几乎一字一顿地说道:"这绝不可能!您可以在我这里住下休整,但我的女儿必须继续任教。"当然我还是感谢了他的盛情款待和为我提供房间让我休整,并对他说道:"别发火,不要伤神,我已

● 教书育人是沙依诺夫毕生理想

在向你递交这份文件之前就决定了，一个晚上我也不愿在这里待下去了，谢谢你们的茶点和休息场所。"说完我穿上大衣就去村里找马车夫去了。当夜，我就回到了乌法。第二天一早，我又去了地方自治政府管理处，宣布我拒绝在这个学校工作，并对接待我的人讲了校长的说辞和看到的学校状况。在场的人都为我没有在那里留下，没有能监视校长而感到遗憾，可是我别无他法，在场还有一位男教师，他听完我们谈话后说道，他马上要因病回家，而他任教的那个学校仅仅剩下了一个教师，是他的弟弟。

5

"您去那儿，不会后悔的。"我答应了，于是，他们给我签发了所有文件派我去了那里。这个村庄名叫"比什加卡"。在半路上我换了马，傍晚时分到了这个学校，看到的完全是另一番景象：所有的烟囱都冒着烟，所有的窗户都没有被冻住。我们驶进院里，院子里拥出一大帮孩子。他们马上抓起我的行李搬进了学校，而我紧随其后。出示了我到这个学校的任命书后，我和那位老师就相识了。这是一位青年男教师，名字叫达乌卡耶夫。我被安顿与他同住一间房。很快我们就成了互帮互助的朋友。在这所我本来从未关注过的学校，反而到处都井然有序和干干净净。达乌卡耶夫似乎是受过军事训练，不过这一话题我们没有再提及。我们俩常常一起在居住的房间里备课，没有发现臭虫。瞧，这就是单身男教师居住房间的典范。相比先前那所学校年轻未婚女教师的房间，甚至还是与她父亲母亲同住一校，竟有如此大差别。这个乡村的男教师应该成为榜样和典范。

家长们把自己的宝贝孩子们托付给教师，让他们接受初等教育，教他们讲诚信、爱劳动。学生家长和其他有需求代写和代阅读书信的人经常到学校来。如果他们看到学校脏乱差，他们会有什么感想呢？自然会产生反感！我在这个学校工作了将近五个月。我很遗憾，我和达乌卡耶夫假期后就没再回到这所学校。春天来到了，学生们就散学放假了。我们自己返回了乌法，住进旅馆，当天晚上观看了一个由鞑靼族业余戏剧爱好者举办的话剧表演。看话剧前我们还见到了一队边行边唱歌的年轻健壮的红军士兵。话剧演出很成功，然后举办了舞会和其他游乐活动。大家都彻底放松了心情。我们很晚才回到旅店，其他人都已经睡了。早上醒来令人吃惊地发现外面特别安静，完全看不到一点有部队进驻的迹象。旅店的服务生说，军队已经开拔离开了乌法。

厌　战

苏俄内战开始，沙依诺夫再次被征兵，当了"白匪军"。同胞相杀的残酷、节节败退的战事、军队的倒戈逃散、体能的崩溃，使沙依诺夫产生了越来越强烈的厌战感。

6

我在姨妈和表妹处休整了两个月。在一个美好的早晨有两个人来找我，要我跟他们一起去司令部。就这样，我又被征召入伍。我的那张免服兵役的证明信没有帮上忙，他们连看都没看一眼。我们被带到几座空置的军营，说将派我们去比尔斯克市组建新的部队，不过结果我们被装船运到了比尔斯克市，再由那里乘坐农用马车到了布拉耶沃村。还在上船前不少人就逃跑了。但都被发现被抓回来了，他们被皮鞭一通无情抽打，打得遍体鳞伤，被赶上船关进货舱。上船时还有一位年轻准尉说了些什么，结果他被捆绑起来也丢进了货舱。我们在布拉耶沃村被组建成新的部队。当时下了一场雪，我们待在那里，对前线的战事一无所知，连前线在哪里都不知道。部队组建后就开始队列训练。时值冬季。一个晚上，一支部队的士兵们受命去库茨巴耶娃村换防。我以为这是一个战术行为，因为没有给我们说明为什么要进行换防，那支被换的部队待在那里是什么原因。那支部队是由地方志愿者组建起来的，受当地的穆安津[①]的领导。

我们刚一到村边，未经交接，这些志愿者就从岗位上撤走了，我们在那里值守到半夜，突然我方第16乌法鞑靼团开到。我们撤出了防地，给我们每个士兵发放了五发子弹。稍后在村边让我们分散开来，列队成为一环扣一环的链条状。突然对方响起一阵机枪声，紧接着又停止了。我方漫无目标一阵

[①] 穆安津：伊斯兰毛拉——汉语中回族穆斯林叫阿訇。

● 证件照上的沙依诺夫

乱枪射击，子弹打光了，士兵们立即转身往回跑，尽管对方也不再开枪。这是对我们部队的第一次考验及第一次战火洗礼，特别是对很多年轻的士兵来说是如此。即使还有子弹我认为也必逃跑无疑。征召（即被强迫而且许愿打胜仗后立即放他们回家的）和志愿加入的士兵们全都无冬装。趴在雪地中，身穿单薄的红色乡村粗布裤子是坚持不了多久的。部队在黎明时分退到了布拉耶沃村，在村里的道路上做了短暂停留。需要说明的是布拉耶沃村和库茨巴耶娃村的居民是由巴什基尔人和鞑靼人组成。村民们都出来送我们。士兵们唱起了歌，村妇和姑娘们也附和着高声唱起来。部队很快就穿过街道去下一个村驻扎。

后来库茨巴耶娃村的难民们追上我们，据他们描述，天大亮前那里还没有任何部队。按原计划我们本应该驻扎在下一个村的，但是已无必要，因为好像收到了骑兵侦察队的情报，让部队绕过这个村庄。紧接着，阿布杜尔马金托夫少尉对我讲说，他白天被派去侦察，穿过库茨巴耶娃村后，在下一个村他们看到一些妇女和男人们磨面粉。当时侦察兵们没有注意到在那里安静的干活的人们，但是他们刚一离开，这些平民打扮的人就拿起了枪，不过侦察兵们绕了一大圈还是顺利地回来了。因此，我们继续前行，由此开始了大撤退。在有些村庄里我们待的时间很长。在没有受到任何干扰的情况下我们过得很平静，只是偶尔变换宿营地。如此安稳的日子一直延续到3月。

一次夜间转移到另一个村庄的路上因为严寒我两只脚趾都被冻伤了，而那时我没有毡靴。我不得不在军队医疗站长期疗伤。痊愈后我写了报告要求发给我一双毡靴。针对我的报告，上司做出如下决定："自己去买，凭证报销。"上何处去买哟？有时候在集市上可以买到，不过这要去村庄或者市里的集市才能买到。我既不会偷也不会抢。一位颇具同情心的老太太知道我的双脚被冻伤后给我拿来一双旧毡靴，不过就像常言道的"礼莫嫌弃"，所以我已经够满意了，就把我的一双高筒皮靴送给了她。老太太本来一再拒绝接受这双靴子，告诉我说这双靴子我以后还会用得着。最终我们俩还是友好地相互交换了鞋。

7

3月6日，我们在天亮前被唤起（即从睡梦中被叫醒）并命令我们整装擦枪并做好长途行军的准备。天刚亮，全团集合并宣布了命令。命令称战线已作调整，即将开始全面进攻。部队立即派出了侦察队并转入进攻。进攻非常顺利。战线很快地向前延伸。向前进攻的我们团运气不错：几乎未受到抵抗。只要我方侦察兵一出现，敌方就仓促抛下自己的阵地撤走。敌方在两三个村庄的柱头上留下了传单，上面写的是"你们追不上我们"。我当时偶尔会冒出一个念头——敌人是不是想把我们装进口袋？为什么到现在我们还没出现伤兵？终于在布拉哥维申斯克戈耶村附近我们团遭受到顽强的抵抗。全团都趴成链状。因为很难跑动起来——雪太深，深及腰部，同时敌方炮火异常猛烈，不过无法看到炮火从何处向我们射击过来。在我们左翼出现一队骑兵。他们迎面朝着村庄驰来，所以被认为这是守军的援兵。造成了判断上的一个小失误。结果得到通信兵送来的消息是：这是米海依洛夫团骑兵队。这个骑兵队正在切断敌人的退路。

显然敌方也发现了这一点。因为射击停止了。敌人开始沿着冰面撤到白河对岸。敌人退出了村庄，而我们团进驻了这个村庄，发现村庄前面的深雪中挖有战壕，木头上被浇上了水，成为冰制的掩体。在这个村里什么东西都无法买到——无论是面包还是牛奶都无法买到。村民们非常干脆地回答我们说："面包和牛奶没有，都被吃光了。"渡过白河，在沙里波沃村庄看到了米海依洛夫团的骑兵一个冲锋就神速地夺取了辎重队和战时救护所的医疗物资。到下一个村庄小卡普雷，我们团没有参加战斗。伊热夫团和米海依洛夫团在那里打了几仗。伊热夫团是由伊热夫武器制造厂工人组成的。再往前，在大卡普雷村，我们应该去换防其中的一个团。在我们到达之前这里进行过激烈战斗。米海依洛夫团和伊热夫团占有了有利的地形。把敌人放近后向他们猛烈地开火。然后转入冲锋。敌人经不住打击，本打算退到一座陡峭但不高的山上，不过这时我们的哥萨克[①]骑兵高声呼喊着冲向敌人，将他们俘虏或就地劈杀。据说这两个团骁勇善战。

他们进行了五次冲锋。当我们进入到这个村庄时看到了令人毛骨悚然的恐怖一幕：街上到处都躺着被杀死的骆驼和马匹，还有不少被剥得精光的

[①] 哥萨克：俄罗斯和乌克兰民族内部具有独特历史和文化的游牧社群。历史上以骁勇善战和精湛的骑术著称。

人的尸体。这是兄弟自相残杀的战争！确实红军当中大多数人是由工人组成的，他们不怕死，他们有自己的信仰，他们是在捍卫自己的权利，为了光明的未来，因此他们作战奋不顾身。而白军是由强迫征召的城市居民、农民、农民的孩子和志愿者组成。他们互不团结，各打各的算盘，都尽量地躲避责任。军队的高层是沙皇的将军们在指挥，他们想的都是怎样篡权和指挥所有的人。他们之间毫无团结可言。而像我们这些下级的军官和士兵也没有信念，有的仅仅是在发号司令的当官面前的恐惧心理。

8

我前面提到，我们本该去换防一个团，但是没有实现。两个团都早就跑远了。我们团未经战斗就占领了达夫列坎诺沃车站，然后又进一步推进到布古尔玛①。我们团指挥官病了。上面立即把他送到后方，重新任命了一位指挥官。

几天后，我们团占领了一个村子，新的团指挥员下令我团的一个营发起正面进攻。

当时我趴在右翼的小山丘上，小山丘正面遭到了射击，我和司务长只得像车轮一样滚下山坡。不久后，派出另一营保障右翼，结果这个营反倒从侧翼开枪扫射派去担任正面进攻的那个营。敌军那边还没有开枪，不过他们的散兵线已经清楚可见。好在没有给自己人造成损失，因为大家马上发现自己的失误。只有营长的马被打穿了脖子受了伤。大家掘好战壕，隐蔽其中。太阳西斜，阳光射得我们视线不清，进攻是不可能了。太阳落山后，顷刻间倾盆大雨夹着雷电袭来。大家借着闪电的光注视着前方，还派出了哨兵。趴着挖的战壕很快积满雨水，人们浑身湿透、瑟瑟发抖，他们卧下，借着闪电观察。天亮后雨停了。派出的侦察兵发现村子里没有敌军。村民说，敌军昨天深夜就匆匆撤离，甚至来不及拿走电话和电话线。这之后，我团到达布古尔玛，未经战斗就进驻其中。或许其他团曾在这里作战，不过并无战斗过的痕迹。就这样我们经过了很多村庄，哪儿都没见到敌军的抵抗。

过了许多天后，我们在一个村子里滞留时间比往常多了些。说是前方已派出骑兵侦察队，要先等待他们带回来消息，并称到萨马拉只有四十俄里了。我们休息得很好，吃饱喝足。在这些地方，我们受到当地村民热情款

---

① 古尔玛：鞑靼斯坦共和国小城。

待。他们卖给我们牛奶和鸡蛋。接到命令整队。整完队后在原地列队好半天又命令大家坐下抽烟。看得出上面有些犹豫不决。抽完烟又集合队伍，终于出发了。

我们很快发现，我们被带往另一个方向，就是在往回走。战士们开始嘀咕："我们这是去往哪儿啊？怎么在往回走呢！"对此上司们宣称说，后方出现了敌军，"我们将其消灭后再返回"。两翼都派出骑兵巡逻队，他们与大队保持在可视范围内。我们加快了行军步伐，一些士兵们行进中还吸着烟。我们以每日七十五俄里的速度快速行进。其实我们又开始了新的退却。退却持续了几天。我们部队实际上是殿后的。其他部队极不耐心地等待着我们，因为最后一支队伍过桥后，桥马上会被毁坏。深夜里我们团过了桥，工兵立即破坏掉它。当渡河前上司一直对我们宣称，说河对面已经有挖掘好了现成的战壕，并拉好了几层铁丝网作防护，而我们过河后在那里没有发现任何工事，士兵们只好在离河岸不远的一个小圆山包上排成一排趴在那儿。我们被留下来做掩护。

半夜我们听见有斧子砍伐的声音，这是有人在修复被损坏的桥。我们连指挥官拿出两盒火柴，交给两名士兵，命令他们去到桥那里把桥烧掉。两名士兵爬到离桥不远处，仔细辨听了一会儿，发现在离我们阵地不远处，有敌方派出的哨兵，这两位士兵的报告同时也被派出的步兵侦察小队所证实。后来我问过连长："他们怎么可能把这座桥烧掉？桥又不是稻草做的。"听了我的疑问，他回答："军令如山，无论如何都要执行。"哎，要是派连长本人去，同时给他不是两盒而是四盒火柴看他在敌人的鼻子下面怎么执行军令。天亮前我们悄然撤退，我们在所到的第一个村子吃了早饭。出村时全团人都遵命停了下来。我们看到了我方被枪杀的八名士兵。现场宣布一条命令，命令里说这八名士兵是在打算跑到布尔什维克一方的路上被抓的，还说任何一个想投到对方的士兵都会有如此下场。

撤退途中，我们到了达乌列卡诺沃村（乌法省），在此停留休整。几天后，敌人向我们发起了进攻，我们被迫防守，不过，我们首次遭到猛烈炮火的攻击。在我们左翼，谢戈里辛骑兵队向敌人的炮兵发起了进攻（这个骑兵队由乌法省的青年学生组成），对方将他们放行至近处，用重机枪向他们扫射。骑兵队慌乱中逃离，此后再也没有这个骑兵队到哪里去了的消息。当时弹药供应极度困难,全团再也无法坚守,挣扎一番后,开始退却。撤退中士兵们无序狂奔,没有被弹片撂倒的幸存者从乌得里亚克—巴塞沃村①右侧穿村而过,朝着契什玛车站方向奔去。不久后,幸存的部队稍作整顿集结后开始渡过白河。全团渡到河对岸后,被派到切波尔卡耶沃村。

在此时我们才知道,为什么会如此仓促溃退。驻扎在布古鲁斯南的几个巴什基尔团前线防地被打开了。后来我在满洲里遇到了曾经在巴什基尔团里服过役的一个人,他也是逃跑出来的。他向我讲了当时的情况:"扎基·瓦里基(也叫瓦里耶夫,当过记者,是乌法省诺沃阿依图干诺夫村②人),他外号叫'巴什基尔大帝',经常穿越火线到布尔什维克方,并与那方达成协议,将这几个团策反投向了布尔什维克方。他在这几个团里担任什么职务我不知道。"(在满洲里③遇到的这位熟人曾经与我一同参加过达乌列卡诺沃的教师培训,我当时和他友情很深。)再后来,在麦列乌日(奥伦堡省)全体被解除武装。给我讲上面故事那位士兵告诉我说布古鲁斯南曾经几次易手,然后我方转入进攻,不过进攻途中一直没有遇到敌人。还没等部队到麦列乌日,包围圈合拢了,换句话说,我们被装进了口袋。这个口袋阵的设置非常巧妙,大家都没有怀疑到这点。巴什基尔军的军指挥官依日布拉托夫将军当时在斯捷尔里塔马克市内,正打算去前线。当他乘坐的四轮马车驶到离麦列乌日一百俄里处时,接到前线战报。他略加思索后不顾大家劝其留下的恳求宣称:"我的士兵孩子们在哪里,我就与他们同在。我的士兵孩子们将承受的我也要承受。"说完就去了麦列乌日。我无从知道前线士兵是怎么对待他以及他此后的境遇。我和我的一位战友抽空从切波尔卡耶沃去乌法市待了两天,在母亲处过的夜。当时母亲与我另一位名叫萨拉的表妹住在一起。表妹的丈夫是教师,他也亲眼见识了布古鲁斯南的激烈战斗。他当时坐在阁楼上,见到了发生的一切。他告诉我说,本来听到的是决不放弃乌法,乌法也不可能被占领,因为几乎每隔五百步就安置有火炮。

第二天早上,我那位战友急匆匆跑来叫上我,我们一起离开了乌法。当我们已经上了马车,周围的居民们告诉我们说:"车站停有几列装有军需品的火车,这些好东西军需官从未发放过,也不会发放给士兵们,因此大家自

---

① 乌得里亚克—巴塞沃村:现名为乌得里亚克巴塞沃。
② 诺沃阿依图干诺夫村:现名为新阿依图干诺沃村。
③ 满洲里:位于内蒙古呼伦贝尔大草原的腹地,清代中东铁路建成后,因是从俄国进入中国东北的首站,故名"满洲里站",音译汉语为"满洲里"。当时叫胪滨县。

● 夕阳下的炮车

行把车厢砸开,各取所需。军需官最终被吊死在车站入口处。"

9

我们到了切波尔卡耶沃后了解到,我们团已赶到白河边。有消息说,敌方的一个连已经渡过河,需要派部队去消灭这个连。这是像哄小孩一样蒙骗我们。如果渡过河的只有一个连,那派一个营去对付他们就足够了,最多也只需派两个营。在此地我们在一直没有轮防的情况下,排成一行整整趴了三昼夜,一枪未放。第四天早上,我们看到前面路上有大部队运动,还见到一辆装甲汽车驶过。我们唯一的一座火炮发射了两三发炮弹后就赶紧撤离了。双方都稀稀拉拉地放了几枪。我们被命令朝右挪动半俄里。我起身后立即又摔倒了,冲过来几名士兵问我是不是受伤了,我回答说"没有"。我再次挣扎想站立起来,但是再次摔下。只要我一想站立,立即就感到重度头晕眼花,什么也看不见了。

我被士兵们两边架着送到包扎所。医士官达什金详细询问了我的情况后就明白了是怎么回事。他让我服了药,然后提醒我,要我从现在起注意无论吃喝都只能少量,并给我开了一张字条,吩咐我去休息。在路上,我遇见我们连的一个上士。结果他的情况与我一样。撤退中远程来回疲于奔命,加之营养不良及精神紧张,显然是这一切引发了我们身上出现的症状。我们俩到了一个巴什基尔人住的村子,进村饮水,稍作休整。村民请我们喝牛奶、吃面包。此刻我们已经忘记了医士官的嘱咐,一见到牛奶,那不可抗拒的止渴愿望让我们扑了上去。我们每人还吃了一小块面包,谢过主人后,来到街上。刚走不远,我们就感觉难受:肚子一阵撕裂般剧痛,但是又不得不前行——我方又开始溃逃。按计划撤退时我们本该穿过铁路桥撤到对面,或者在离桥很远的左方乘坐渡船过河。经过一番商量,我们选择去了渡口。因为有医士官的条子我们俩未经排队就渡过了河到达对岸。而我方撤退人员到铁路桥中间时,敌人突然用重机枪一阵猛扫。活下来的人寥寥无几,整个团被击溃。

半夜我的牙齿痛起来,上嘴唇肿了。我对辎重队长说我要去医疗点,然后去找了团医生,他在离我们不远的一个铁路小站上。我被安排到全是伤员的一间房里。许多伤病员都直接躺在地上,令我印象深刻的是两位腹部受重伤的伤员。其中一位是个哥萨克，另一位是自愿入伍的学生兵。两个伤员相邻躺在地上，我也睡在地上。陪伴受伤哥萨克来的还有两位哥萨克。垂危挣扎中的哥萨克痛苦万分，不过居然还在让送他来的哥萨克安排合适人手照顾他的战马，还告知两位哥萨克他有多少细软以及怎样分配这些细软。接着他要求喝水和进食。护士倒是严禁在医生到来之前给他任何食物，还给他打过一针。而旁边躺着的那位学生志愿兵一直安静地注视着哥萨克。他没有翻来覆去挣扎，而是平躺在那里，甚至没有听到他呻吟过。护士刚一离开，守护的两位哥萨克立即打开一个罐头，拿过水来喂伤者。

这位哥萨克在吃了东西，喝了水后，不久就因疼痛而更加频繁地辗转呻吟，他不停呼唤医生，嘴里还不停地切齿咒骂。不一会，医生、护士和卫生员都来了。医生询问了我的病情，然后对护士说了些什么，护士记下了我的姓，医生又来到学生志愿兵跟前，再次宣布腹部受伤的伤员不能马上进食和饮水，需要过一段时间。他们又给哥萨克打了一针，但是他仍然不能够忍受疼痛，在那里不停地呻吟、谩骂和辗转挣扎：痛得完全失去理智。给他注射了第三针以后，情况好点，这时来了两位卫生员把他带走了。从此我再也没有见过他。

下午我被叫到医生那里，医生检查了我的牙齿后把我骂了一通，并问我怎么会把牙齿弄到如此状况，完全像训斥小学生一样。他忘了我一直待在火线上，不可能还有时间来顾及自己的牙齿。我的一颗尽头牙中间已陷成一个小坑，里面长了一个息肉。护士将我安顿到一个普通长椅上，然后分别站到我的双腿边，医生从一个小箱子里拿出医疗器械摊放在他身旁。没有给我注射任何药物，他就拔掉了我一颗牙齿，拔牙过程倒是轻快娴熟，不过还是痛得我双眼直冒金星。我不记得我是怎样挣脱了被护士抓住的一只手挥舞起来。医生对我说，不要打架，并命令我站起来把双手插到裤袋里。我遵命后，两个人从背后抓住我的手臂，又把我摁在椅子上，医生立即拔掉了我的第二颗牙，填塞了棉球后，医生吩咐我还需要再来检查一次。不过，此后我再也没有机会看医生了。

逃 离

费尽了一番周折，沙依诺夫终于脱离军队，越过国境线到了中国。

10

傍晚时分，大家开始陆续登上医疗列车。按照名单，我也在登车名单之列。医疗列车是由货车车厢组成。所有人都直接睡在车厢地板上，甚至连铺在身下的稻草都没有一根。

火车经过车里雅宾斯克，我们没有被收留——野战医院已无床位。路途中，列车长（同时她也是医疗列车的主治医生）只有一次到我们车厢来过。为让我们有被盖（垫子），每次一停车，护士玛露霞就来回奔跑于各闷罐暖车厢（货车车厢）之间。她认真仔细地探视每一个病人和伤员，还发现了一位手受伤的伤兵。她经常更多地探视我们这节暖车车厢。一次交谈中，女护士告诉我说，她现在已经是主治医生，同时又是列车长了。她收到命令要将这列火车陪送到哈巴罗夫斯克。

途中我们经过了不少城市和车站。最终到了伊尔库茨克。由几位医生组成的委员会上了我们这一列火车巡视。他们既没有认真仔细地检查病情，也没有听取伤病员述说，只是瞧了瞧伤病员的外观，就吩咐让其中一部分人下车，另一部分人继续乘车前行。我宣称说我再也不往前走了，要留在此地治疗——待在污秽不堪的货车厢里，如此长途跋涉，加之一直处于半饥饿状态，几乎每到一站都有死人抬下是非常难以忍受的。护士说服了我继续与车同行，她说在哈巴罗夫斯克会交出病号，然后火车会去哈尔滨，并在那里开设一家医院，我们可以在那里一起工作。护士玛露霞来自乌法附近，我也来自乌法附近，作为老乡，我们成了好朋友。在伊尔库茨克我们几个人被归入处于伤病恢复期的队伍。

这个队伍由再无作战能力的伤残士兵组成。其中还包括我们五位没有完全丧失作战能力的人。我在这个队伍里工作了两个还是三个月后，突然来了一个委员会。委员会成员听了我的叙述和检查了我的牙后，命令我立刻去牙科医院开个证明，证明我确实需要治疗牙齿，同时补充说："如果今天你办不下来证明,那么你就必须上第一列火车离开这里回到自己的团队去。"

我去了这所医院(医院位于市区,而我们在郊区),医院里空无一人,所以我没有办到证明。我从城里回来时,作为处于恢复期伤病员队伍的捷克人管理员问我弄到证明没有。我告诉他说医院已经关闭,那里空无一人。这样一来,管理员就把我一直押送到车站,将我随同第一列从车站开走的列车发配到前线。

11

在一个车站上,上面宣布,列车不再往前开了,所有人都要下车。我打听到我们团的大致位置,就步行出发前去找寻。大约半夜时分,我来到一个村庄。村里十分安静,我小心翼翼地边听边摸索着沿街道前行——因为还不清楚现在谁在这个村里。不一会儿,我就听到了马蹄跺脚声和有人在低声地交谈。

我仔细听了一下,辨认出说话人是法伊祖林准尉。我轻轻地叫他,并从篱笆墙边走出来。因为我在暗处,他没有立刻认出我来。我报上自己的姓名,他感到十分惊讶:"你不是被转移走了吗?你从哪里钻出来的?"我告诉他我是从哪里来的,他说我是傻瓜,还悄声补充说道,大家都在逃离前线,而你还要上前线来。我向他解释说,我也是别无他法,是被迫来的。听到这里,他提议让我到离此地不远的士兵们住的农舍,与他们一起过夜,晚上就不要去前线了。因为已无真正前线可言,前线已经到处被突破,变得犬牙交错。在那里其实只剩下巡逻队。

在农舍中我刚抽完一支自制烟卷,急速驶来一位骑兵,吩咐大家立刻离开农舍。我们从农舍出来时,听到不远处传来重机枪声。半夜时分,我也完全无意再找我自己的连队,再加上还有战线交叉之说,因此我转身朝我来的方向走去,出村后趴在篱笆旁。也不知道我是怎么睡着了。

天刚亮时,我被奔跑的脚步声和马蹄声惊醒,我急忙起身,马上明白了:又是撤退。我也马上开跑,后来挤上了一辆两轮马车逃走了。不久后,我在逃车队中发现了乘坐爬犁逃命的我们团的医士官达什金。

打过招呼后,我转乘到他坐的爬犁。经过一番交谈,他对我说,你看上去身体不太好,所以应该量一量体温,于是他就在爬犁上给我量了体温。体温明显高于正常值，因此他又对我说："按照团一级有关转移染病（伤寒）士兵的命令，您务必要去团医生那里作病情确认。"他立刻给我开了转诊单，并在单上注明是高烧。我和他分手了——简直是一见就散。

  我又朝后方走去。首先我找到团司令部，不过没有履行回团报告的程序。在团司令部碰到几位熟人和教师达乌卡耶夫，我和他曾经一起在比什佳卡村教过书。经过一番交谈后，他知道了我来此的目的，就教我如何应对医生，即用什么办法蒙骗他。我当时非常想吃点东西，不过大伙对我说，让我先去医生那里，回来后他们会给我些吃的。我到了医生那里，医生首先看了看我的舌头和喉咙，摇了摇头，量了体温，给我开了些药粉，然后吩咐我："明天再来！"我的熟人们对我说："别服这些药粉，将它们都扔掉。不要过分过量进食和饮水。不然你骗不过大夫。"

  第二天我去到医生那里，发现房间里挤满病人。轮到我时，医生甚至没有听我讲述病情，看了看我的舌头，给了我两包奎宁，吩咐我当他面服下。我只得照办。第三天他问我："你感觉怎么样？"我回答："有耳鸣头晕，感觉不好。"至此他没有再问我什么，因为有人给他从司令部送来一个大袋子，他转而忙于将自己的私人物品装入袋中，并吩咐几个卫生员分乘几辆马车，同时吩咐把所有伤病员转移到下一个村去。团司令部也仓促撤离。整个司令部的人都分乘马车打算转移到另一个村庄。我随同伤病员也撤离了。

12

  我们这一队伤病员是步行去的下一个村庄。村里所有农舍都被伤病员塞得满满的，不过病人超过伤员人数。我遇到一个人，他一个人睡一张床，我请求他同意我和他同睡，并解释说地板上已完全无处容身。他告诉我说他是伤寒患者，不能与他同睡。我回答他道："我好像也是患的这病。"他挪出一半位置，我们就睡在一起了。这样一来，我真的得到了我需要的，即染上了伤寒。医护人员顾不上我们了。病号们都是自己照顾自己。第二天早上，再一次开始撤退时，大伙儿都是相互搀扶着去离村子不远的火车站的。

  火车站离村子不远。完全不能走路的只有乘马车了。紧急上车后，火车开动了。这辆救护列车的装备比第一辆要好些，有洗澡间还有带被子的木板床铺。我们在洗澡间洗了澡。在每个车站都会从车上抬下些死人。检查病人时，一位护士告诉我，我患的是回归热。在一个板床铺上挨着的三人原来都是我们一个团的。一个是军医士，他患的是回归热，我患的也是回归热，另一个叫夏普科夫的准尉患的是斑疹伤寒。在下一站，按军医士的要求，把我们换到一个高级车厢。我和夏普科夫住进了两人间的包厢。我睡上铺，夏普科夫睡下铺，他比我虚弱很多。我们共用一个缸子吃饭，最后他也染上了回归热。的确，我们虽不是每天共用一个饭缸吃饭，只是间或地共用一个饭缸，但本来还是应该把我们隔离开。一日两次分配给我们的最多就是一片面包和一块西伯利亚咸黄油。分发食物的时候，总是能听到：今天有谁不能吃饭的，把他的那份给我！我们随时都处于半饥饿状态。水是完全没有，车厢供暖也很糟糕。中途停站时，能走路的，就跑出车厢，舀一杯雪待雪化后来去热解渴。

我们邻近包厢的一个病人陷入了谵妄状态，开枪自杀了。这件事后，就提议所有携带武器的人将武器全部上交，并答应痊愈后再归还。另外还有一起事件，一个病人裹着被子，在火车行驶中跳下火车跑了。火车停下了，但医护人员没找到他。最后我们极其艰难地到达了马利因斯克。医生在巡诊时告知大家，前面的路堵上了，我们这列火车的机车没燃料了，司机也跑了，所以很难再往前开了。能够行走的可以获得两个月的休假证明继续前行。如果火车能开动了，会再接回原来的病人和伤员；不能行走的就留在火车上，他也留在火车上，他不会抛下自己的病人。他将为他们的生命负责。我看医生也怪可怜的，在短时间内，脸庞就瘦削了，整个人都消瘦了，仿佛人也苍老了许多。很多人下车走了，我和夏普科夫也走了，我俩沿着铁路枕木前行。在城里本想买些路上吃的食品，但一无所获。第一天我们异常艰难地沿着枕木步行了十三俄里，在一个建在铁路道口旁的唯一的木屋里过了一夜，屋里的人挤得满满的。第二天，我们走的路要多了些，这让我们对自己的并不怎样的体力增添了些勇气和自信。

就这样行走了三至四天，到达了一个车站，并获知我们那辆火车开动了，但不知具体什么时间到达该车站。车站里满是泥泞拥挤不堪，根本没法挤进去，于是我们决定到车站外面找一个过夜的地方。在车站边上我们发现了一个铺满雪的小房子，我们认定那是澡堂，决定去里面过夜。走近后就看见了小窗户里的灯光。我们进去跟女主人打招呼，请求她允许我们暖暖身子。桌上的茶炊正沸腾着，女主人邀请我们喝茶，并递给我们面包。得知我们是从火车上下来，沿着铁路枕木一路走过来后，她说，她丈夫是扳道工，很快就要换班回来吃晚饭，他可能知道火车什么时候到达。我们再一次感谢她的款待。她从炉子里取出热乎乎一火盆吃的放在桌子上，招呼我们吃饱。我们当时饿极了，但也知道晚餐是她为丈夫准备的，只吃了点烤土豆，便道谢说我们已吃了很多面包，已经饱了。丈夫回来了，妻子把我们的情况跟他讲了，扳道工脱下身上的皮袄铺在另一间房的床铺上，拿来一件羊皮袄对我们说道："小伙子们，你们休息，睡觉，我清楚火车的情况，我会叫醒你们的，不用担心，不会迟到的。我很清楚天亮前没一列火车到站的。"

清晨一大早他就叫醒我们，告诉我们来了一列救护火车，但还不知道具体是哪趟车。我们急忙穿好衣服，并向主人道谢，感谢他们如此盛情地款待我们，这种盛情是我们在哪里都从没遇到过的。我们又问住宿和晚餐该付多少钱，他们俩都坚决地拒绝了，并说道，他们收留我们不是为了钱，"我们都是兄弟，遇到灾难的时候应该互相帮助。"我们再次感谢了热情的主人，还是坚持留下了少许的钱，希望他们不要因此生我们的气，我们是想他们的小女儿玩耍需要这些钱的时候能偶尔记起我们。来的火车正是我们此前乘坐那趟，可当我们走进我们住过的那节车厢找到护士时，她没有认出我们，并说道，新病号没有床位了。我笑了起来，叫着她的名字说，我和夏普科夫睡的就是这个包厢，你们有空的时候还爱到我们这来玩呢。护士说："等一等！"便离开了。回来的时候带来了一面小镜子，并说道："看看，你们能认出自己不？"的确我们不太像病号，或是由于寒冷或是由于走路的原因我们显胖了一些。护士抓住我的手，叫了起来："我的上帝啊，你们是浮肿了！"她给我们拿来了药。

由于已经没有空的铺位了，我们被安顿在过道上。这位护士来自辛比尔斯克市，现在叫乌里扬诺夫斯克。①到达马利因斯克前，护士也病了，染上了伤寒。病中的她还撑着走到我们的包厢来坐。在马利因斯克，她已经可以自由走动了，也就是说完全痊愈了。同我们告别时，她给了我一些路上服的药和叮嘱。原来，救护火车的司机跑了，现在是伤员中一位懂点机车火车头的人在驾驶。火车经常随时停车，只要到一个地方一停车，能够行动的人，赶紧去帮忙弄一些雪来当水用。

---

① 这个护士也是我乌里扬诺夫斯克的同乡。——瓦诺佳注。

在一个周围是一片开阔地带的停车点，有人得知有游击队出现，火车鸣了下短笛就开动了。出去舀雪的人刚来得及回到车上。新"司机"不熟悉这条路的路况，在坡道弯处下刚刚加速，就看见车站了，他没有估算好，尽管已经刹车，结果火车还是撞上了停在站上的列车尾部。这列火车的许多保温棚车厢被撞坏了。傍晚，来了些工人，说清理道路需要一天或更长的时间，工人人手也不够。第二天早晨，我和夏普科夫再一次告别了火车沿着铁路枕木又上路了。正值冬天，严寒，一旁行进着马车、辎重车队和人群，这是些撤退的士兵和难民。就这样我们走了几天。

13

前面呈现出一座城市。道路分成了两条，我们决定走没有辎重车队走过的那条路。过了一会儿，从我们后面赶过来几辆空马车，他们把我们每人分别安坐在马车上，一直送我们到城里，并告诉我们这个城市里有很多移居过来的鞑靼人，赶车人也是鞑靼人。城市和车站都叫"鞑靼斯克"①。我们走进最先遇到的房子，请求让我们暖和暖和。女主人也是鞑靼人，正在包饺子。根据她的要求，我们简单地讲述了一下我们的来龙去脉，还告诉她我们想买一匹马，不知哪里能买到。还讲道，有一次，我们悄悄溜进波兰军用专列，结果被几位俄国女人发现，并警告我们赶紧离开，否则被哨兵或其他人发现，没有好下场！赶紧逃吧！还能够怎么办呢？我们只得又沿着铁路枕木步行了。听完我们的叙述，女主人把她的儿子叫过来，吩咐了几句，儿子便立马出去了。我们对视了一下，不免警觉起来：怎么回事？过了一会，儿子回来了，跟他母亲说，马还没卖掉，还在，马主人同他一起过来了，正在街上等着。女主人把马主人招呼进屋，我们很快谈妥了价格，马还套着雪橇，我们买得很便宜，几乎是白送，看得出，马主人是急于将马出手，如果现在不卖点钱，那么撤退的军队也会无偿征用，也许还会把马主人也征去当车夫。女主人开始煮饺子了，正在此时，女主人在车站工作的大儿子跑回来了，并说道，城里，车站发生抢窃了。车站上停有一列波兰军车，要准备防御。他劝我们赶紧离开。我们请求他给我们指条路，因为有了马车和雪橇不可能再沿着枕木走了。他将我们领到路上，这样一来，我们也就没来得及尝一尝饺子。我们刚刚出城，就听到了枪声。我们加入了一队辎重车队，一起

---

① 鞑靼斯克：俄罗斯新西伯利亚州西部的一座城市，1911年由两个镇合并而成。

行进了几天。每当休息和过夜时，我们都轮流喂马和看守它。有一次，来到一个村庄跟前，我们沿着两边陡得不敢偏离的堤坝行驶着，刚刚进入村子，就传来了枪声和"游击队"的喊叫声。不知道谁朝谁开枪，也不知道枪声是从哪里射来的，顿时又是一片混乱，拥挤不堪，惊慌失措，由此在村庄的出入口处马车就堵起了。过又过不去，走也走不了。大家丢下自己的马车，四散着跑开了。我抓住夏普科夫的手，顺利地跨过几辆马车，几乎都要跑到路上了，但这个时候，夏普科夫不见了。他是怎样挣脱我的手的，我也不知道。清醒过来后，我开始在奔跑的人群中寻找，但白费工夫。就这样我失掉了同伴和马。继续前行，一些零落的马车超过了我。不知是慌乱减轻了，或是胆大的车夫在驾车，行驶在前面的马车开始继续驰向征程。造成这类虚假警报和慌乱的，有时候就是撤退的人们自己。

一支路过的部队占据了一个村庄，安顿下来，准备休息，另一支路过的部队没有休息的地方，其中一支自然要制造混乱。以为是遇到游击队袭击，人们尚未搞清楚状况，便扔下一切可以扔下的东西，慌乱奔跑。制造混乱的正好争拥马匹和被扔下的物品。我有时候也能坐上马车休息一会。我选择车夫打瞌睡的马车，跳上去坐下，但坐不了一会儿，诸如"快下去""看我抽你"的叫喊声将我唤醒，于是我会被醒来的车夫赶下来。无论是请求还是哀告都没用，因为每个人都只想着自己的性命。因此，我只得勉强挣扎着走了几天。要想获得食物也极其困难，因为农民不愿或根本不收克林斯基卢布①。尚未从伤寒中完全康复的我很快就将力气消耗殆尽。

一个夜晚，我走到一个小村庄，惊奇地发现院子里和街上没有辎重车队了，也看不见来回走动的士兵。街上也没了篝火。当走到村庄中段，才看到一座院子里有几辆马车和士兵。他们回答说是警备司令的车队。我走到司令面前，按条例规定向他报告，指望这样能赢得他对我的好感继而安顿我。但我白费心思。司令坐在桌旁，穿戴整齐，正准备出发。当警备司令竟不客气地劝我取下肩章（其实恰巧当时我没有肩章），要我安心地躺在炉顶上并留下来时，我非常吃惊！我谢过他的好意，说道："如果我想留在这里的话，就不会来找您了。"遵从他的劝告，就会当出门离开时，或者在茅屋拐角处领教他从背后射出的子弹。要知道，警备部队受命严惩逃兵和试图转向布尔什维克方面的人。当我走到村子尽头时，感到极其疲惫，很想睡觉休息一会

---

① 克林斯基卢布：1917年后俄国克林斯基临时政府印制的二十和四十面值卢布。

儿。我走入村尽头一间草房，由于极度的疲乏和想睡觉，没有打招呼，也没得到允许，只来得及说我极其疲惫想睡一会儿，就一下子倒在炉旁的长椅上，像死人似的睡过去了。

不知道睡了多久，感觉到有人在使劲摇我，睁开眼，是女主人在对我说："亲爱的，想活命的话，就赶紧走吧！"从睡梦中醒来后，我不明白她的话，也不清楚自己在什么地方。她又重复了一遍，我答道，我完全不知道我从何处来，又向何处去。她抓住我的手把我拉出草屋，悄悄打开大门，听了听，四处望了望，便一句话不说，紧紧地握了握我的手，指了指右边的方向。不知道是什么让她像母亲般的对待我，在送行和握手时，我感受到了一种母亲般的慈爱。这给了我力量和希望。或许她的儿子或丈夫也在某个地方的军队里吧。我上路了，路上空无一人，只有天上的星星在注视着我。深夜，一个人走在不熟悉的路上有点害怕。道路损毁得坑坑洼洼，崎岖难行。尚未完全从病中康复的我走起路来异常艰难。走下坑要容易些，爬坑就很难了，有时不得不四肢并用。其实那些坑并不深。我把手枪牢牢地握在手中，但脑子里浮出一条谚语："寡不敌众。"我这个夜行者在黑夜中提心吊胆地环顾四周，发现有黑色的身影在赶过来，很快就听到了人声。赶上来的是骑兵队，他们没有注意我，就在快要从我身边驶过时，一个想法冒了出来，于是我喊道："哥萨克好汉们，你们后面有没有辎重车队？"看他们的骑姿便知道是哥萨克人，所以我用"好汉"这个词称呼他们，我知道这个称呼会拉近我们之间的距离。我清楚地记得如果直接用"哥萨克"来称呼，他会立刻回答你："克鲁吧！"然后就会轻蔑地对待你。他们之中的一人回应道："后面什么车队也没有了，我们是最后一队，是留下来做掩护的。"我又喊道："好汉们，帮帮我，带我到下一个村子，或者你们谁愿意用备用马换手枪？"队伍中间驶出一人，牵着另一匹马，他问我："什么手枪？"我答道"自动手枪"，便把枪递给他，他本可以疾驰而去的，但他没这样做，他把马缰绳递给我说："上马吧，别掉队，跟我们一起走。"这匹马没马鞍，由于疲劳和生病我怎么也爬不上马，这时，他翻身下马，两手抓住我一抱把我放上马，又发现了我衣着单薄，仅穿了件军大衣。于是他朝自己人喊了喊，队伍里又跑过来另一个哥萨克，手上拿了件短皮袄。他们把皮袄套在我的大衣外面，再次把我扶上马。我非常非常地感谢这位哥萨克人给予我的巨大帮助。我们赶上队伍，一起奔向下一个村庄。在这里我们分散到各个房子里过夜。我把马牵到隐蔽处，给它喂了些干草和麦秆，再把入口隐蔽起来。当我走进房子才看到里面堆满了人，但总算在铁炉旁找到位子，把短皮袄脱下来枕在头下便睡着了。早上醒来，皮袄找不着了，这让我非常伤心，有人巧妙地从熟睡的我的头下拿走并且离开了房子。在村子里过夜的哥萨克人也早已出发，就剩下我独自一人了。女主人从炉子上拿出烤好的面包，看了看我，我正要离开，并没问她要面包。

她自己切了一块递给我。我道过谢后，便像饿狼似的吃掉了。跑到院子里，寻思会不会有谁把我的马也牵走了。当在原地找到马时，我是多么高兴啊！把马牵出来，喂了些水，套上套圈，跨上马，此刻，女主人给了我一大张兽皮。我赶上一个小辎重车队后，便加入进去。行进了几里，又发现了侧面有骑兵队，似乎是他们要想把我们的路切断。又是一阵慌乱。只听得一声声"快跑！"的叫喊声。在不知这些骑兵是什么人，是属于哪方面的情况下，这些人就只知道制造恐慌。真是拿他们无可奈何。

14

一片慌乱中，我策马超过辎重车队，赶上了另一支辎重车队，发现前面有一辆装有马鞍的马车。与马车并行后，我问赶车人道："这些是谁的马鞍？"赶车人也是士兵，他回答我道："这是第十六伊希姆团骑兵侦查辎重车队。"我仿佛听到是自己的团，便问，军士司务长在哪里，又请求扔给我一个马鞍。他答道："老军士司务长早已被打死了，现在已另有其人。我给你马鞍，你给我烟草。"我有一整荷包袋马合烟，心甘情愿地倒出一半给他。他扔给我马鞍，我上好鞍，骑上马便同他一起出发了。就这样我们相交成了朋友。休息时我们决定轮流看护我们的马匹。第一次休息时我发现佩戴黑色肩章的士兵是伊希姆人，我们相互没听清楚，搞错了，原来我们不是一个团的，他是第十六伊希姆团，而我是第十六乌法团，但这并不影响我们，我们决定再遇到困难都不抛弃对方。就这样，我们一起满意地行进了几天。一次休息时，军士司务长酒喝过了量，醉醺醺地不允许给我的马喂饲料，说我未在发给养的名单中。其二，有命令要所有单独行进的人，都要向团部报到。

于是，按照他的命令，我被列入这个团发给养的名单。这样就可补充该团的缺额。我的钱已花完，毫无办法，也无处可去，所以我只得很不情愿地留在这个团里。因为我有马和马鞍，所以被编入骑兵侦察队。我只在骑兵侦察队待了一昼夜，指挥员不喜欢我的马，它是拉车的马，而非战马，总是跟不上队伍。于是严厉地下令弄匹更敏捷的马，便把我派到辎重队去了。到了辎重车队，有人告诉我，有一名生病的军官有一匹马和爬犁，但他不会驾驭，既不会套马，也不会照料马。我找到他，并决定在找到另一匹合适的马前，先留下跟他一起了。卸下马鞍，给马套上爬犁。从他的话中，我明白了，他全然不了解乡村生活，也就是一个好逸恶劳的城市白领。刚派我到辎重车队，骑兵队指挥员本人也患上了伤寒。据说他经常失去知觉，说胡话，骑兵队的新指挥员显然还不知道我，使我暂时避免加入战斗队伍，也没人打搅我，我继续跟着辎重车队一起行动。在一个村子里部队准备投入战斗，有消息说前面村子不让队伍进驻和通过。

而部队能够去哪里呢？最后决定冲进去。如果不成功，就还剩两条路可走：一条通往克拉斯诺亚尔斯克，传闻那里是地方自治会控制，但也不知道那里将如何待我们。另外一条路须穿过森林，但冬季谁也没走过这条路。必须自己铺路，会遇到什么人，发生什么事都不知道。战斗打响了，我留下来保护辎重车队，但我什么武器都没有。为了减轻自身和马的负担，在行军途中就把一切可以扔的东西都扔了。我们没能冲进去，在那里遭遇到重武器。对方发射了榴霰弹，于是只得放弃进去的尝试，无功而返。队伍分成了两部分，一半的人前往克拉斯诺亚尔斯克，他们开始销毁随身带的文件和证件，并将好的军大衣换成破的大衣，说是以后再也用不着穿它们了。半夜时分，互相告别后，就立刻上路了。他们去克拉斯诺亚尔斯克，我们去森林。向导给我们指示了一条夏季可以通行道路的方向，这是林间小道。行进在最前面的是步兵，紧随其后的是未套雪橇的马，然后才是套上雪橇的马和辎重车队。四周是难以穿越的密林和齐腰深的积雪。夜晚，不仅对人极其艰难，对马也是一样。我们燃起篝火，在桶里融化积雪来饮用，也给马喝。面包冻得僵硬，根本啃不动。肉用军刀切成尽可能的细小块，沾点盐，直接生吃。

一些饥饿和极度虚弱疲惫的马匹再也走不动了，于是被直接从路上推开去，以便给别的人和马匹让路。我前面行驰着一辆雪橇，上面坐着一男一女，女的在驾马拉雪橇。不知怎么搞的，他们雪橇车辕一个紧固环坏了，而那男的甚至连用系绳拴连其他紧固环都不会，我只得亲自动手帮他们系好。还记得在森林中的两件事。一件是路上有一辆被从路上推挤到一旁去的雪橇和一匹垂头丧气的马，听到雪橇上有人的哀求声："兄弟们，你们打死我吧！不要这样丢下我！"另一件事，也是路边的雪橇里有小孩在哭泣（小孩在母亲冰冷的怀里哭号），母亲已死去，而孩子还活着。（走近去看过的人这样说到）。我不知道有没有人将小孩带走，我看未必！穿过森林需两天两夜，走出森林后，我们进入了一个村子，万幸，这个村子还未被其他部队占据，村子坐落在难民逃难路途的旁边。在这里休息了一天，作了一些休整，烤烤火，吃一些人必须吃的东西。就这样，最后我们终于到了伊尔库茨克。我们在郊外休整了一整天。市区被捷克人占领着。然后走到了贝加尔湖，黎明时分开始踏着冰越过湖面。在湖这边岸上有一个名叫李思特维恩尼奇诺耶的村庄，大家由此出发到湖对岸，人与人间保持一匹马的距离。湖对岸那边是火车车站和梅索瓦亚村。有人告诉我们说这是穿越贝加尔湖最短的路线——只有四十俄里。许多未钉掌的，包括马掌磨损厉害的（本来提醒过要换钉铁掌），疲惫不堪的马匹在光滑的冰面滑倒。它们再也无法重新站立起来。虽然天气异常寒冷，但是仍然可见倒下的马匹由于身下冰块破裂，葬身于水中。沿途都见马匹的尸体。我就这样与这个团一起挣扎到了赤塔。在赤塔我们和马匹一起上了去涅尔琴斯克市①的火车。当时我是骑兵侦察队成员，统治赤塔的是哥萨克头领谢苗诺夫。我们在涅尔琴斯克市休整几天后，被派出去斯列坚斯克执行侦察任务。在郊外游荡一个星期，我们没有碰到一个敌人，然后就又回到城里休整。骑兵侦察队有几位鞑靼士兵，上面将他们交我带领。上司分派的任务使我们不堪重负。其他队伍都在休息，而我们却被不停地使来唤去。人和马都得不到休息。于是我冒出一个念头："凭什么这样对待我们？" 105步兵预备役团都骂我们是"秃顶"或者是"猪狗不如"。

在此地不按照规矩轮流值岗。凭什么？难道我们低人一等？我开始在盘算怎样摆脱这些不公正待遇和强加给我的服兵役。正好有一位临时派到我们团骑兵侦察队的海军准尉告诉我说，有消息说战斗中表现突出并且拟定将升官的人会被派到赤塔集训。我们边休整边进行队列操练。一次，当我们在

---

① 涅尔琴斯克市：即尼布楚。

百年传奇：
一个名叫沙依诺夫的成都人 | 上部

● 贝加尔湖边百年火车头

● 贝加尔湖边老铁路沿线村落

● 已废弃的贝加尔湖边老铁路

● 贝加尔湖边老铁路线架桥

操练时，临时代理骑兵侦察队队长的盖伊科维奇炮兵大尉吩咐大家轮流指挥骑兵排。我明白这是在考验我们。轮到我时，我先是准确无误地按照骑兵规范指挥，而后突然转用步兵规范指挥。队长立刻取消了我的指挥资格，然后命令我去司令部。海军准尉结果还比我先到司令部。司令部的人记下了我们的姓名后说："明天早上早点过来取文件，你们要出公差。"我回到我这个分队居住的农舍，收拾好自己的物品，即军大衣和物品袋，将战马（这是一匹新缴获的战马）转交给了排长。这匹马未经驯服，白天不断撕咬挣扎，不过夜里倒显得十分安静。我开始调教它，使它适应我。与马打交道需要一定的技巧，我从小就懂这个。虽然马是不会说话的牲畜，不过它是人的忠实朋友，懂得人对它的爱抚和关怀。比我们晚到赤塔的人转告我说，我离开后，那匹马三天没有进食任何人给它的饲料，思念主人，躺在那里直到最后因衰竭而亡。

第二天早上我和一位海军准尉早早就到了司令部，叫醒了文书，拿到了相关文件就去了铁路支线小站。列车已进站，我们俩上了一节车厢。列车还没有启动时跑来一位司令部的传令兵，找到我们俩并通知说，全团要紧急开拔，命令我们回去。我俩相互对望了一眼，异口同声地对传令兵说："你去沿车厢找我们，然后回去报告说没有找到。"

我们有文件在手，完全没有必要再返回了。走回头路难道意味着我们还要上前线吗？这已经绝无可能。我们没有回去。列车出发后，我们到达聂尔琴斯克编组站，转乘了去赤塔的火车。

15

到赤塔后，我们俩受命被编入军官教导营。一天，当我们在进行单独训练时，教导营上校营长尼·尼·尼古拉耶夫到来，他在视察训练时发现我完成训练动作指令与众不同，他指着我吩咐在训练现场的营副官旦申大尉（1915年他在一个坦克部队的职务为大尉）："他不用在这儿了，他的位置应该在前线。"听到这里，我想："又要上前线吗？""不行，坚决不干！"训练结束后，我告诉副官说我虽然原来是步兵，但被派来接受骑兵训练，因为我现在是在骑兵侦察队服役。

这位副官对我不错，一直比较友善，还把我称为"巴什基尔首领"。他回答说，他把我收留到他办公室，肯定不会派我上前线。如此一来，我在他的办公室当值：可以说是文书，也可以说作为他的助手。所有的有关我营的书信文件这位副官都交我办理。这样一来，他就有了不少闲暇空余时间。其他人还要值岗站哨，我被免了这类苦差。

一次，上面命令我立即编写和呈交全营人员名单，要求按现有名单分出三个兵种：分别列为步兵、炮兵和骑兵。我和海军准尉干了整整一夜，终于完成了人员名单三份。自己掌笔的好处我没有放过——我把自己列入了骑兵。

此后，我们被派往安基比塔①，在那里按照我拟定的名单分为相应兵种，骑兵队总共只有上校队长、司令部近卫军大尉、骁骑校、我和一位顿河哥萨克共五个人。我不清楚其他人去哪儿了，按照名单本应还有不少人。不过当时一匹马都没有。后来，当我自己终于跑到了满洲里时，在那里才见到骑兵队名单上的其他人。原来他们比我们还先逃跑了。其他兵种队伍随即开始参加训练，我们因为人手不齐没有训练。上司说要给我们补充人员，但无人知道补充人员从哪儿来，什么时候来。

我们在骑兵队待的时间不长，晚上大家经常聆听队长年轻妻子的吉他弹奏和歌声。我们住楼下，优美声音是从二楼传下来的。一天晚上，听吉他演奏时，耶菲姆重重地叹息一声后，自言自语道："我们在这里发酵变酸，还要上前线。该好好想想了。"

听完他说这些，我立刻明白了他打算逃跑。这意味着，我有了一个合适的同路人。对他不需隐瞒什么，可以与他开诚布公交流。我俩开始商量怎么行动。耶菲姆对我说："你在做办公室文案工作，难道还想不出办法吗？"于是我们填写了去满洲里车站接受马鞍的两张出差派遣单。当时我的确是在从事处理办公室文案书信的工作，我带了些文件去让队长签字。那是一个晚上，队长当时在喝茶，他的妻子在用迷人歌声和吉他演奏抚慰队长的心灵，所以队长心情特好，没有看我呈上的文件就直接签了字。我问他还有没有什么需要吩咐的，他回答："没有了，你想干吗干吗去！"哥萨克拿着签好字的文件立即去了城里，而我们俩留了下来。我和耶菲姆匆匆收拾好自己的行李去到车站，赶上了去满洲里车站的火车。

到了满洲里站后，在密集人流中我们找到几节装有难民的车厢，并加入了难民队伍。我们就这样成功地逃离了军队。

---

① 安基比塔：也译为英机皮哈。

生　计

　　逃到中国后，沙依诺夫曾先后辗转于哈尔滨、上海、汉口、重庆、成都。为谋生计，他干过很多"活路"，当过搬运工，做过生意，自学修车技术后，便较长时间从事机械修理技术工作。因勤奋踏实，而得到上级赏识，工资从每月十五个银圆不断上升。提升为主任技师后，曾经每月达到两百银圆。他的敬业精神和个人品德，在业内口碑极好。但是也不时地会失业，一再重新白手起家。在他辗转于各大城市的过程中，曾经碰见过苏联派往中国、任孙中山国民政府首席政治顾问的鲍罗廷。

16

　　耶菲姆组建了一支搬运队。我们干起了车厢货物的装卸工作。装一车厢货，我们可以得到八块银圆。我们设法在四天内装了两节车厢。这些钱用于糊口足够了，所以我们没有再去难民食品供应点领取食品。

　　期间有两次从赤塔来人劝说男人们返回俄罗斯，还许愿说从现在起将会用黄金支付薪酬。无人受骗上当愿意返回。耶菲姆认识一位汽车司机，汽车司机把他带到了哈尔滨。他走后不久，我们装卸队就解散了。

　　在站上我见到一幅海报，上面有一个业余演员（米尔扎·沙里穆）的签字。他后来在四川被土匪打死了。海报的内容是：当天晚上有一场鞑靼语话剧的演出。我怀着能遇上某位熟人或者老乡的愿望，喝了一瓶伏特加壮胆，自己给自己刮脸修面后去看话剧。

　　在那里一位拄着双拐的鞑靼人坐在我旁边。中场休息时我俩一番交谈后，他对我说，我们从前在撤退时见过面，并邀请我到花园里去喝酒吃东西。毫无防备之心的我没有看完话剧就同他去了花园，在一张小桌子前坐下。的确在撤退期间与夏普科夫走丢后，我见过这位跛脚人。当时他在招募"绿旗"部队。我不知道是喝了伏特加还是好久都没有见过这样丰盛的晚餐，让我同意和他一起去花园。他叫了晚餐套餐，一些小吃和一大罐伏特加。我说要得太多了，我的钱不够支付这些。他大声笑着对我说："别担心，我请你就意味着我付账，见到老熟人我很高兴。"花园里到处杯盏交错，我不记得我们喝了多少，不知不觉中，我们俩互相搀扶着来到一座院落。跛腿人就临时住在这儿，地上还睡有几个士兵。我们俩找到一个空当，平躺下去很快入睡。

早上醒来后，全体又都喝了酒，简单地进了点食。午餐时大家又喝了酒，结果等我们酒醒过来时已经在列车上了。这列火车半夜时分把我们运到了达乌利亚站。我们来之前，此地曾经是著名疯人大亨温格尔恩（德国人）的地盘。此刻他和他的部队已到了蒙古。现在这里似乎成了巴什基尔部队的，还是骑兵部队的，也许是军的司令部。具体是哪个部队，我没有关注，这些司令部并无兵源人手，只有几个司令部工作人员。万恶的伏特加将我骗到此处。

在这里我结识了马金托夫，后来我们成为了好朋友。他是我们152步兵团同团战友。当时这个团驻扎在别列别克。司令本人和他的副官一直对马金托夫言听计从，他们安排我当了文书。

万幸的是在达乌利亚我没有待好久，只有大约半个月左右。这时接到警告，有一大队人马朝达乌利亚开来，打算占领车站。也不知道大队人马是哪方的。我们司令部的三个大人和一个未成年小伙子即刻骑上马逃到满洲里车站。与此同时，送我来达乌利亚的跛腿人也失踪了。我们两人也离开了。传说中前来占领达乌利亚的人并没有到来。一切仍然照旧。傍晚时分我和马金托夫离开达乌利亚，来到满洲里车站。

我们在那里待的时间不长，只有几天，紧接着就与这个副官一起去了哈尔滨，还在那里找到了工作。有消息说，已经为每一位参加长途征战的战士拨下钱来，要给大家发补贴。后来，副官说打算去日本，如果有可能的话，我们可以在那里经商。我们实际上也到过日本的几个城市，待了两个星期左右就重新回到了穆克敦①。回来一个月后，我们被告知让我们自谋其生了，还给我们每人发了点钱，如此我们三个人即老人穆拉、马金托夫和我都去了上海。

---

① 穆克敦：满语称呼，即沈阳。

17

在上海,我们经过一番观察后就学着别人开始经商。我们几个人合伙开了一家纺织饰品小店,由于一个合作伙伴的原因,我们的经营并不顺利,接着我们就改做了波兰比亚威斯托克被套、法国哔叽面料以及上海呢料的分销发货商。

所有商品都是寄售。先由我们的这位老难民支付少量货款,要来货后,他在此基础上加价后再分发给送货人送到城里。一些能干的分销商、送货商挣钱不少。我自己不会如此靠加价挣钱。比如,我卖被套挣了五个银圆,那我就会羞于再次在那条街上去露面。随着分销商送货商的大量增加,很快送货商之间的竞争开始出现。一部分人夸大自己商品的优点同时贬低同行的商品,不断压低价格以求能够挣到买食物钱和房租费。许多人因此不得不去其他省份销货。如此一来,我们公司也决定派自己的送货人去各省。我同两位同人一道去了四川省,而其他三位同人去了湖北。

一开始我们一行六人携带少量货物乘船出发。

我们顺利通过南京到达九江,轮船靠了岸,有海关人员登船。当时我们坐在自己舱内玩扑克,海关头头是欧洲人,听到非俄语的语言后(这是后来我们赎回商品时他告诉我们的),不由分说命令他的手下中国人拿走我们所有的布包。我提出抗议,但他不顾我的抗议,也没有认真看我,等所有布包被拿走后他也离开了。我追上他并问他:"我们怎么办?所有人都留在这里吗?"他以一副胜利者的傲慢回答我:"这我管不了,你们想怎么做就怎么做!"我和能讲点英语的波德列斯基(波兰人)两人留下,而其余的去汉口等我们。

在九江我们找了好几个旅店,但都拒绝让我们入住过夜。理由是这里禁止俄罗斯人居住。原来这一个区域是由英国人管控。当地人建议我们去中方管控区寻找落脚处。经过我们详细解释停留在此的原因,费了九牛二虎之力,好不容易找到一家允许我们居住的旅店。店方一定报告了警察(显然此地也受英国人势力影响),因为随即来了一个身穿制服的人,他详细询问了我们留下的原因和经过,然后允许我们居住一夜。直到他走后,店方才给我们端茶送水,让我们洗漱,点燃铁炉让我们取暖。

睡足觉后早上我们去了海关。在海关办公室的中国人告诉我们，要我们支付七十五个银圆的关税。我回答说，从上海出发时我们公司已经支付过了，并且七十五个银圆的关税对于这些货物过高。

如此一来，中国人建议我们亲自去找讲俄语的海关关长。我进了关长办公室，详细讲了我的诉求，海关关长是波兰人，俄语讲得很棒。他回答我说他也无能为力，因为委员会是由中国人组成的，而且已经把你们货物的价值定得非常低了。"只要你们付七十五个银圆就可以把货拿走。昨天我们就扣住一个犹太人。他当时也认为关税过高，他还曾试图投河自尽，不过他被救起并被逮捕，理由是他试图自杀。现在他就在蹲监狱，并且还要蹲很长时间。"

拿到付款收据后，我们去了仓库，发现我们所有的布包已被打开。显然他们怀疑这批货物中藏有走私品。我们见到了扣我们货的那位海关关员。他看见我们，走上前来用非常纯正的俄语向我们道歉，解释说他当时不知道我们卖的是波兰被套，还说他也是波兰人，并求我们允许他取一个小标牌留作纪念。

他还补充说道，在进我们船舱时他听到的是陌生语言，所以得出结论认定这是些走私分子。假如他知道我们中有一位波兰人，而且我们卖的是波兰被套，他是不会扣押我们的货物的。在船上扣我们的货时，他从未说一句俄语。我当时还向他解释说公司相信我们才向我们发货。我们卖完这批货才会有收益供糊口。

18

当时有不少送货商因不同原因遭受损失。比如在江西省，反动军队士兵就枪杀了七位经销商，他们被认为是张作霖部队的奸细。在张作霖部队里确实有一些俄罗斯人，而这些被枪毙的也是俄罗斯人。因此我决定不再经商，加之在四川米尔扎·沙里穆和穆士塔法芬被强盗夺命。当时他们是货主巴卡巴什的分销送货商。米尔扎·沙里穆欠了巴卡巴什的账，所以货主强令他再去一次外省卖货，以此还清债务。

其实米尔扎·沙里穆预感不好，他曾请求这次行程延期，他完全不想跑这一趟，但是货主不顾他的多次请求，强行让他走这一趟。米尔扎·沙里穆、穆士塔法芬和他们的一位中方助手就此上路。

跑这趟路的结果是极其悲惨的。起初他们在广安州[①]货卖得不错，货物全部售罄，货款通过一家中国贸易公司汇回。接着他们再一次去重庆提货，不过半路就出事了。按后来回来的中方助手的讲述，他俩被杀害的经过有两个版本。第一次中国助手向我们讲的是：

卖完货后，他俩将货款交到一家中国商贸公司，紧接着租了一只小船，三人一同顺江而下去重庆，船驶离广安城几里路时，岸边有两人呼唤船主请求将他们捎上。

他俩上船，几句寒暄后，拿出香烟分发给船上的人并说："米先生，穆先生请抽烟！"这说明杀人强盗非常熟悉他们的长相，否则他们不可能分别叫出他们的名字。而当他们接过烟抽上时，这两位乘客掏出了毛瑟枪。米尔扎·沙里穆跳了起来，惊呼一声"强盗！"他当场被击毙，被强盗全身搜遍后扔到河里。我和穆斯塔法芬吓得马上转脸朝下趴在船舱底。稍后，强盗们叫道："穆先生，起来，别怕。"穆斯塔法芬刚一站起来，绑匪一把抓住他，将他的头悬在船舷边，开枪将他打死，搜遍他的衣兜后将他也扔到了河里。

船又走了一段，绑匪们命令船夫靠岸，然后询问船夫和仆人："他们给你们付船钱没有？"绑匪给他们每人付了一块钱（银圆）就命令他们下船，向着船行的反方向而去，并且不准他们回头，否则就也会杀了他们。

后来，被害者的主人到后，仆人关于被杀害事件的叙述又是另一种说辞。他称还在市区范围内，这两名乘客强盗就已经坐上船，说他们也去重庆。其余的事件情节叙述几乎和前一种说辞一样。

仆人返回并且讲述了凶杀案后，米尔扎·沙里穆和穆斯塔法芬在重庆的朋友们立即给他俩的主人巴卡巴什发了电报，通报了这次谋杀事件（此前是巴卡巴什把米尔扎·沙里穆和穆斯塔法芬送到四川然后去了湖北汉口）。巴卡巴什抵达重庆后，希望到被害二人最后一次做生意的城市去与政府交涉，因为米尔扎·沙里穆在哈尔滨的家里还有父亲、母亲和妹妹。

[①] 广安州：现在的四川省广安市。

巴卡巴什本想将那位仆人助手带在身边，临走那天仆人却躲得不知踪影。巴卡巴什告诉我们，本来他是不被允许到那里去的，可他还是未经许可想尽办法到达了Hochow①城，并从当地中国穆斯林住民处了解到，其中一个死者的尸体被冲到了岸边，他们按照穆斯林的仪式埋葬了他，因为他们认出死者是米尔扎·沙里穆。埋葬米尔扎的人还告诉巴卡巴什，米尔扎·沙里穆的右手靠近肩部有一个被刀砍的伤。巴卡巴什到了墓地，想请一个照相的师傅帮他把坟墓拍下来，然而没有一个人愿意干，因为当地政府警告人们不准拍摄这座墓。当时Кванчангоу②这个区域是杨森将军的地盘。巴卡巴什试图找杨森帮助死者的父母。但是最终没有让巴卡巴什去到Hochow城。

巴卡巴什过去曾当过俄罗斯宪兵，他非常机智地想办法见到了杨森。当时杨森正好到了重庆，在市中区的一个花园举办午宴，巴卡巴什穿着打扮得像一个有显赫身份的外国人，进入花园。杨森的卫兵放他进入了特邀嘉宾就坐区。杨森并不认识他，但是还是因为巴卡巴什的欧洲人的面孔，请他入座。他们相互摆谈了一会儿后，巴卡巴什就提出了自己的要求，杨森在众人面前不好拒绝他的要求，吩咐贴身警卫拿出了钱给他。这些钱后来究竟给没给死者的父母，我就不知道了。再后来，有人说巴卡巴什在汉口被反动政府绞死，罪名是他贩卖日本的阿司匹林。

19

过了很长一段时间，法尔古特金诺夫、苏尔丹诺夫和沙基罗夫他们也准备去那个方向做生意。我一直劝阻他们不要去那边，他们却说那些地方很好做生意，所以还是去了。走到半路沙基罗夫离开了他们两位去成都买从上海发去的货物。

剩下的法尔古特金诺夫、苏尔丹诺夫两人行进到离Shunking③大约一百里的一个小村子，在一个小旅店过夜。法尔古特金诺夫躺在放下床尾档头的床上，苏尔丹诺夫和衣躺在另一张床上，将一只脚踩在地上，唱起了一首忧郁的歌。法尔古特金诺夫对他说："不要这么忧伤，别这样嘛。"过了一会儿，睡得有些迷糊的法尔古特金诺夫听到几声像小鞭炮的爆炸声，紧接着苏尔丹诺夫"啊"了一声。法尔古特金诺夫从床上跳起，发现几个陌生人在房

---

① Hochow：笔记中此处为英文，下同。
② Кванчангоу：俄文音译为"宽长沟"。
③ Shunking：俄文音译为"顺庆"，下同。

间里。他意识到发生了什么事，立即双手举过头。其中一个劫匪向他喊道："把手表、宝石拿出来！"另一个劫匪却说道："他不是做手表生意的，是做被套生意的。你们还有一个麻子在哪里？"苏尔丹诺夫和沙基罗夫两人都是麻子。

法尔古特金诺夫回答："那个做手表和宝石生意的麻子和我们分开单独走了。"劫匪们将所能拿走的东西都打包拿走了。包括镀镍的肥皂盒、一顶新的毡帽（他们丢下了自己的一项旧帽子作为替代）、一捆裹好的波兰被套（被套中有一百个银圆）以及其他一些东西。劫匪离开时不慌不忙，有人还吹起了法尔古特金诺夫的口琴。在旁边的一个房间里，一个女人不停地哭，请求劫匪留下点钱，至少让她和孩子可以有回家的路费。当一切都平静下来以后，法尔古特金诺夫才从惊恐中回过神来，赶紧呼叫苏尔丹诺夫，但苏尔丹诺夫已经咽气了。一颗子弹打中他的腿，另一颗子弹直接命中心脏。过了一会儿，村子里响起了警报，而劫匪早已从容消失得无影无踪。这些劫匪们也十分清楚地知道他们三人每人是做什么买卖的。

天亮了，法尔古特金诺夫好不容易请到了轿夫将尸体抬回Shunking。（很多轿夫拒绝抬尸体，他们声称害怕当地的劫匪报复。）在Shunking，当地的穆斯林协会支付了轿夫的费用并安葬了苏尔丹诺夫。

法尔古特金诺夫返回重庆后，因为受到惊吓，病了一场。他带回了他的棉被并交送去洗，劫匪当时没有拿走棉被，显然认为是那家小旅店的。这些事件发生之前十年，我就已经决定不做生意了。因为在各个省之间来回奔波做生意以及在那些小村子留宿都是很危险的，我又不喜欢与人讨价还价，这样做买卖完全不合我的心意。

20

因此，我用我微薄的积蓄买了一本修理内燃机车的书，决定参加上海的一家从法国来的马利雷奇兄弟车行开办的司机和机械师培训班。我开始学习驾驶汽车，也就是说开始开车了。培训班结束了，就应该通过在地方警察局交钱、考试取得驾驶执照，但是我的钱不够。比我早毕业的那些拿到驾照的师兄们告诉我，在当地要找到司机工作很难，几乎是不可能。他们曾经求助于外国人，但是，得到的回答却是："欧洲人当司机？你们这样做是丢了欧

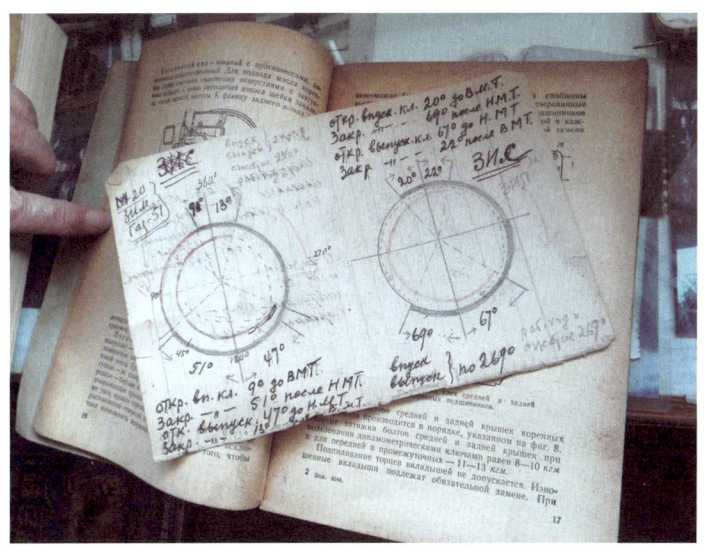

• 沙依诺夫手绘汽车机械工程图

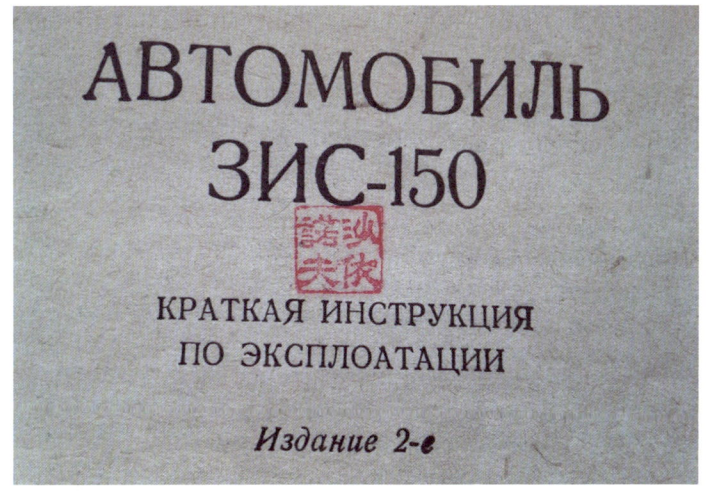

• 汽车使用说明书上的沙依诺夫中文名印章

洲人的脸。"有一天,我遇到一个熟人,这人从四川万县县城买过猪肠衣发往德国,我在与他交谈时告诉他,我已从驾驶培训班毕业,但现在还没在此地找到工作。他对我说汉口有他一个熟人在法国人开的车行,如果我愿意,他可将我推荐给这位熟人,我同意了。于是,他写了一封信,请那个朋友帮我安置在车行工作。这时,我有两个朋友将他们的一些积蓄给了我,我买了去汉口的车票。

到了汉口以后,我住在一个中国旅店。在汉口的第一夜我是在江边的一个椅子上睡的。由于天气太热,沿江边休息的人非常多,江边所有的长椅几乎都被人们占据了。在法租界的那一段江边,我好不容易找到了一个没有被占用的长椅。第二天早上我带着推荐信去寻找法国车行,可是那个地方没有空闲职位,他们自己人都无所事事。这个修车行的总技师把我带到了一家美国的修车行,那个车行的总技师居然也是俄罗斯人。

● "我对那里的一切都感兴趣"——20年代,沙依诺夫在汉口修车行门前

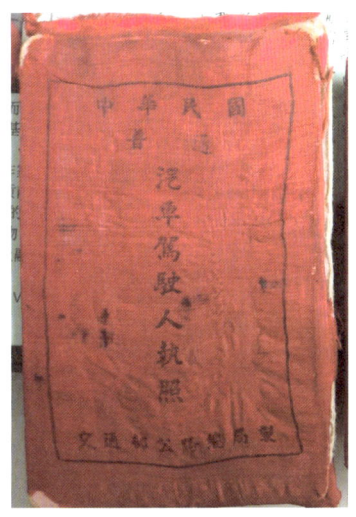

● 1933年沙依诺夫的驾驶证

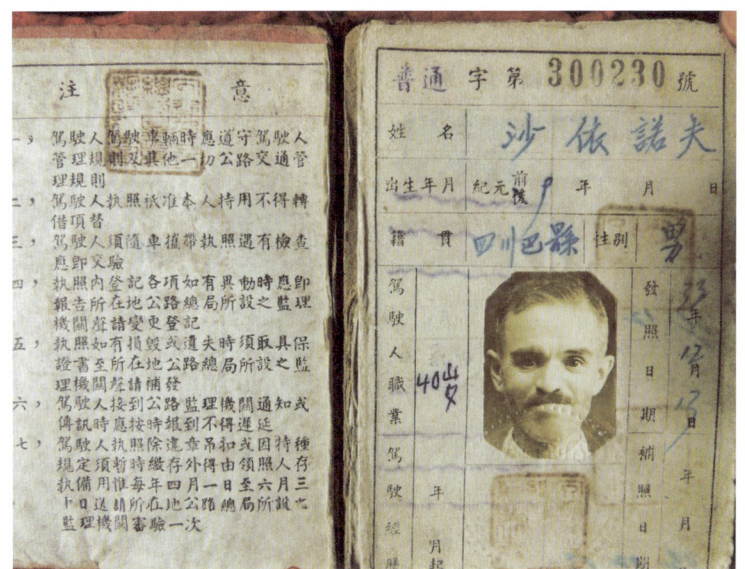

洛伽什金对我讲，他也是刚收了一个俄罗斯人来车行工作，那个人可能明早不会来上班。"所以明早你来看看，如果那个人没来上班，我就把你收了。"他给了我一份分销商的名单地址，我就暂时算在那里安顿下来了。

第二天早上，我到修车行被接收参加了工作。起初一段时间我的酬金按照总技师的说法，只有十五个银圆。这些钱用来买吃的足够了，我非常满意，因为终于找到了工作，而且在这里还能学到很多东西。我对那里的一切都感兴趣，对所有的东西都充满好奇地进行学习，工作非常努力，不知疲倦地干活，一心想在尽量短的时间内学会车行营销和修车技术。车行看我这样努力地有愿望干得很好，为了对我表示鼓励，就给我涨了薪水。我跟油漆师傅成了朋友，在技术上他给我讲的倒不是很多，因为旧社会时期师傅普遍不向徒弟传授技术和知识，担心徒弟在学到技术后超过和为难师傅，或者会脱离师傅另起炉灶，进而和师傅产生竞争。所以要想学到技术只有靠自己偷经学艺。当时我师傅给汽车调制油灰腻子，我负责打底，也是我的师傅给我讲了怎样上油灰。有一次我问他："调油灰需要加些什么东西？各加多少？"他回答："你先自己学着加，自己去感觉，这个过程今后对你会有用，在这间屋子里面，有所有供做油漆的原料，你觉得什么合适，你就拿来自己试着配吧！"这期间我们这里又添了一个新工人，师傅对我讲："今天你来配油灰，同时和新到的学徒给这辆老福特车上油灰。"我是曾看过他用的哪些料调油灰，但是不清楚具体的用量。但我还是鼓起勇气试着调了，并给这辆车上了油灰。第二天早上我们开始上班时，令我非常惊讶和遗憾的是，无论是我还是新来的学徒工都不能够用砂纸打磨平车上的油灰面，我们拿了锉刀使劲锉，但仍然没啥效果。"到底咋回事？什么东西加多了吗？"上的油灰硬如石头，师傅提示了我错在哪里，我更正了这个错误之处。在上第二层油灰时，我就上得很薄。午饭后，干的活就相对顺利并加快了速度。不过，新来的油漆工在干了两天后，拒绝再在油漆间干活，因为用砂纸打磨油灰要引起灰尘进入鼻腔，这个工作对他来说是个脏活。他又向往干车行的其他类工作，所以就没有在这个车行工作了。我倒是学会了这项工作——修车行管理和维修业务。所以，以后当我被派往重庆后，这一切都派上了用场。

有一次在试一辆新车时，车行老板和我们一道去了，车行的总机械师开车，在汽车换挡时卡齿了，车行老板就问我："萨尔丹，你还年轻，为什么不学驾驶？"我回答他说我会开车，他就令我坐在驾驶位上驾驶了几条街后，返回了车行。过了不久，管配件的主任就来对我讲，车行老板交代他：以后在卖车和试新车时由我来驾驶。

在汉口我取得驾驶证后被转派去搞充电和修理蓄电池。这时我自己已成为汽车维修和电瓶充电的师傅了，车行给我配备了几名从长沙来的学徒工，学习驾驶车辆和维修电瓶。

21

蒋介石的部队即将开进汉口，大家都在说，我们员工将会被裁减，因为随着战线的逼近，工作量会越来越少。主任机械师、他的兄弟和另一位锻工已经结了账，离开这里去了澳大利亚。上面就安排了另一人来做主任机械师。裁员没有涉及我，因为在裁员前就有两位同人被派到另外一个Chevrolet（雪佛兰）车的车行去了。这时我已经既要驾驶货车也要驾驶轿车。

随着蒋介石部队来到汉口，汉口来了苏联一个叫阿联的将军、鲍罗廷和一些苏联的飞行员。其中有一位苏联飞行员经常到我们车行来，与油漆间师傅成了好朋友。油漆间师傅在与他交谈时曾暗示过他想回祖国，这位飞行员对他说："您在这儿是自由人，八小时上班，下班后想做什么就做什么，想到哪儿去就到哪儿去，这点不要忘了，在那边就不可能有这样的好事。"有一天晚上，我们有三位同事一块儿去日租界看望几位熟人和打牌，那天晚上我不想出去，我回绝了他们，说我想休息一下。我们当时住在法租界。这三位同事必须要穿过曾经存在的德租界，就在他们几乎就要完全穿越过德租界并且转上滨江路时，突然一辆车厢式黑色汽车从后面赶上来，停在他们身边，这时一个坐在滨江路长凳上的人跳了起来，然后拦住他们三人的去路说道："你们被捕了！"从车里跳下了几个中国人，掏出毛瑟枪，用枪把他们押进了汽车里，面对他们提出的抗议，其中一个武装人员宣称，他们是因为阿联将军的命令而遭逮捕的。这三位被捕的同人被带到了中方的警察局，关在一间警备室内。并再次对他们宣布，因为他们都是俄罗斯人，所以是受阿联将军的命令才逮捕他们的。第二天早上，车行老板得知自己工人被捕的消息，马上通过美国领事馆要求释放这几个工人。上午十点左右，他们被两位穿制服的警察送回车行交给了车行老板。

寻找沙依诺夫

- 沙依诺夫镜头记录的20世纪20年代的中国

鲍罗廷其实并不为难俄罗斯人，有一天，他居然还到我们车行来了，想给他妻子买一辆二手汽车。他走进车行时，我们从窗口看见有几位穿西式制服的中国人，马上出现在我们车行前面，他们的右手揣在口袋里，看来像是握着武器的手柄，预防袭击鲍罗廷的情况发生。结果他最终没有买车。因为他妻子是坐的"列宁"号的轮船来的。当时船上装的是苏联的文学书籍，在南京，轮船被蒋介石的情报人员弄沉到江底。那时，蒋介石本人背叛了革命，而鲍罗廷本应该返回苏联。鲍罗廷没有为难过在那里的俄罗斯人，相反还帮助了一个被中国警察抓进监狱的俄罗斯人。我们车行的一个工人，原来是个中校，有一天晚上很晚了，他喝醉酒开了一辆车从日租界回来，撞了一个中国有钱人的私家黄包车。由于损坏并不严重，车行很快修好了这辆黄包车。黄包车夫和他的主人并没有受伤，但是因不小心驾车，车行同事还是被送进了前德租界监狱。鲍罗廷就住在警察局的紧邻（斜对门），刚好此事发生的第二天鲍罗廷就去视察警察局，他是去关心被关押人们的状况。在检查时发现了一个俄罗斯人："是俄罗斯人吧？为什么关在这里？"这位非常喜欢提及自己原来官职的原中校回答："是的，鲍罗廷同志，我是俄罗斯人，前中校，因为醉酒把一个有钱人的黄包车撞了，所以被关押在此。"鲍罗廷下令释放了这个被关押的俄罗斯人。我们当时想，不是鲍罗廷视察监狱，换作阿联将军去，阿联多半会另外行事，事情将会是另外的结果。前中校不可能因他以前的军阶而获得满意的结果。当天午后这位前中校返回了车行。

他把被鲍罗廷释放的经过讲给了我们听。终于我和车行另一司机阿列克在还为时不晚的情况下做出决定暂时离开汉口。这个司机是被阿联将军下令逮捕的三人中最胆小的一个，当然这一点也影响到了我。因为我当时和他住一间房，每晚睡觉时他都会说："今天晚上没有事的话，恐怕明天晚上就有可能又被抓走，我们要做好准备！"我们对主任技师宣称，我们有病，亟须治疗，所以要请假去上海。车行老板安排我们上了英国的"亨维斯号"轮船到上海。同时在船上装了三辆新卡车，我们作为护送这三辆卡车的人员。出发时，老板建议我到了上海要去见帕卡德（Packard）车的代理商车行，再以老板的名义提出希望对方把我安排在这个车行工作。在上海我有很多熟人，所以到上海后，因为去见熟人而错过了去帕卡德车行的时间，阿列克先于我去了，他被录用作为充气员。

而阿列克患有肺痨,他后来在上海去世了。我是回到汉口才知道这件事的。我的胃需要食物,要满足这一点,需要有钱。我的熟人们建议我临时作为他们合作社的帮手监管海船的装卸货。因为回汉口还早,我不得不接受这份工作。当然我作为懂得点英语的人,站在船的舷梯边干这项工作。有一次我成为发往挪威货船走私物品的见证者。船上全部装的是整箱整箱的葡萄酒,至半夜装船工作结束。当装卸工离开后,从我这个方位的对面出现了一艘大救生艇,站在离我不远的一个阿富汗人是我们的小头头,发现了这艘救生艇正在靠近挪威货轮,于是对我说,不要放任何闲人上舷梯。他坐在离我不远的地方开始祈祷,我听见他的祈祷词"上帝啊,希望灾难远离我们!"轮船上的水手们非常迅速地把这艘救生艇装满了货,船很快消失在夜幕中。不到半个小时,从同一方向驶来一艘海关小艇,海关人员对轮船进行了一番搜查,一无所获而离去。这些人把如此多的箱子藏哪里了呢?真奇怪!还有一次,我站在德国货轮船的舷梯边值班,感到很口渴,因为那天晚上气压很低,天气闷热,船上小卖部已关门。其他货轮晚班都会留一把小卖部的钥匙,我们可以在那里喝茶或吃点面包(点心),但是,在德国和法国的货轮上没有这些,而在挪威的、美国的、古巴的货轮上我们总不会饿着。这天我找了一会儿,找到一个泵,开始抽,来水了!我喝了几口,水味不正,无法再喝。第二天早上才发现,这个泵抽的水来自黄浦江,是为冲洗甲板用的,而我居然喝了那水。

到上下一班之前,我感觉身体情况已经非常糟糕,就请了另一人代我站在船的舷梯边,我朝装卸已经完成的货舱走去,发现轮船和码头之间的江面上漂浮着一具尸体。这时我有些打冷战,就在身上缠绕了很多电灯泡坐在那里取暖,其实那天晚上并不很冷。下一班人到了以后,我被换班的同事送到住处,大家都认为我感冒了,让我服了一些辣姜汤,又盖了几床被盖让我取暖。我肚子开始痛起来,第三天早上我终于正确地判断出:我得的是痢疾。于是我只好去了医院,在那里躺了一个多月,病好了后我就回了汉口。在我原来工作过的地方继续干。汉口当时已经平静了。

22

这段时间，我们车行接受了一位十五六岁的少年，名叫瓦西卡（瓦西里）。

据他说，他们两个小伙子是从海参崴跑过来的，其中瓦西卡被接收到我们车行工作，负责分发和回收工具。我和同事依布拉基姆在我们房间里腾出一块地方，并给了他点刚到时所需要的日常用品，因此他很感恩。我当时要去重庆了，去车行在重庆新开的分店。我就开始把我所保管六伏特的新电瓶分交出去，在交的时候，发现差了十个，存货保管是不可能出这样差错的。这里有遗失，其实就是偷盗。主任机械师对我说："如果把这件事报告给上级管理部门，肯定所有在修车行干活的俄罗斯人都会被抹上阴影，你转去重庆上班一事可能也会落空。不过我确信这件事不是你干的，只是有一部分同事在怀疑你。"为此我回答他说："每个人都可以怀疑，但是要怀疑就必须有证据，让他们亮出证据以证明他们的怀疑。这件事与我无关，但我也有错，错在晚上下班离开房子时没有将在我房间里的新电瓶核查一遍。我唯一能够说的是，我双手干净，也从不会偷东西。要说如果把这件失窃的事情报告给上面，会引起俄罗斯人都脱不了干系的话，实际上这个阴影不会落在所有俄罗斯人身上的。我来全额支付电瓶的赔偿金，从我的为数不多的工资中扣出，我肯定是会赔偿的。但是，你们不要做出我把这些电瓶卖掉了，卖出的钱花光花完，而现在想净身而出摆脱干系的结论。我可不希望因为我的错误，上面怪罪下来而牵涉所有的俄罗斯人。我的同事们都诚实干活，不过显然是在我们俄罗斯工人中钻进了一只披着羊皮的狼，'纸包不住火'，依我看，早晚这个小偷会被发现。能够顺利地偷了十个电瓶的人肯定还不会收手，他就是职业性干这个的，他肯定还会继续，最终会自己露出马脚而被抓到。这是我想说的，现在随便你们怎么去想。"主任机械师同意了我的观点。第二天早上他提醒我，要我当天晚上上去重庆的船。主任机械师和部分同事提着礼物送我上船。

我离开后，我们修车行一位既是驾驶员又是机械师的谢苗诺夫对这次电瓶失窃事件很关注，决定弄清底细。首先他想到的是，这两间房间的连接部分：有一间房间是作为存放和修理电瓶的房间，与另外一间存放工具的房间是紧邻的，修理间的钥匙一直是我在保管，存放工具的房间的钥匙是在瓦西卡那里。这一点使谢苗诺夫想：到底他们两人哪个是小偷呢？

结果他发现这两个房间之间有一扇没有上插销的小窗户相通，从车行守夜人那里聊天了解到，每逢星期天，除了瓦西卡以外，没有人再来过车行。瓦西卡每次来后总是关上自己房间门，然后从里面取出他的工作服带出去洗。一般大家都是在周六下班后把自己的工作服带出去洗，为什么瓦西卡是在星期天呢？由此这位机械师开始怀疑上了瓦西卡。

为了弄清真相，确认是不是瓦西卡偷的，机械师有意表面上与瓦西卡交朋友。一个星期天他带他去了一个酒吧喝啤酒，第二次去酒吧喝啤酒的时候，这位当驾驶员的机械师有意少喝，宣称自己的钱已花光，已有醉意的瓦西卡突发奇想在新朋友面前表现一下，从口袋里拿出一沓十元面值的钞票，说这些钱一晚上也花不完。瓦西卡当时的薪酬并不高，也就十五银圆，当然，他不可能存这么多钱。当驾驶员的机械师一下子明白了瓦西卡的钱是从哪儿来的。为了进一步弄清真相，他继续和瓦西卡套近乎，经常给瓦西卡讲，他有一大家人，挣的钱勉强够买食物。这时，瓦西卡就告诉了他秘密，钱是从哪儿来的。

当驾驶员的机械师终于弄明白了，原来每逢星期天瓦西卡把自己关在自己的小房子里，翻窗子进入我的房间，然后将一个六伏电瓶用脏工作服裹着带出去。守门的印度人坐在大门口，从来也没有关注过每逢星期天进出的瓦西卡。我们的总任技师老是讲，每逢星期天，没有他的许可，任何人都不要去车行。而这一点守门的印度人并没有引起重视。因此，瓦西卡能够每次偷出一个电瓶，把它裹到脏衣服里顺利躲过印度人的视线，去到日租界，在那里一个日本人开的寄卖行换成钱。而守门的印度人居然没有注意到，脏衣服为什么会这么重。（这次偷盗事件使我花费了一百个银圆。不过，我没有食言，实实在在兑现了我的诺言，即支付了一百个银圆。从自己的每月工资中悄悄扣出了五十个银圆，寄到汉口主任机械师处）。后来，我收到主任机械师一封信，其中描述了当驾驶员的机械师怎样调查清楚了这次偷盗事件（其实这个情况当时一位原车行同事，短时间出差到我们这里做帮手的列·塔兰金已告诉了我）。失窃的这些电瓶已被赎回，主任机械师认为自己有责任将这些钱的一半还给我。因为他认为在这件事上他也有过失之处。他作为一个上司，本来就应该经常检查车行的资产，但他却没有把这件事放在心上，没有履行检查。我当时回答他："谢谢！我说过的话不会变，我为我说的话负责，我拒绝这一半钱。因为我记得有一个谚语：'至死恪守誓言'。"我要把这个钱全部付完也不难，因为在重庆我当时已经被提升至主任机械师级别，我的薪酬超乎我的想象，是比较高的。也就是说，其实那个时候我每个月得到的是两百个银圆。

成　家

1931年，沙依诺夫在重庆结婚，妻子是一位蓝姓的回族（穆斯林）女子，她家在较场口做包子卖馒头。一年后，妻子怀孕时，不幸感染了败血症病逝，胎儿也殁了。1933年，妻子的妹妹蓝笑梅做了填房，她为沙依诺夫生育了四个孩子并相伴一生。

23

干了两年以后，我攒了一些钱，就娶了一个中国的穆斯林为妻。和她一起只生活了一年半，她就去世了。那时医院的主任医生是个欧洲人，他不知道我妻子已怀孕，而我不知道应该把怀孕的事给医生说一下。看来，这孩子在娘胎里就已经死了，而他的母亲是因感染败血症死去的。

1933年，我娶了她（前妻）中学还没毕业的妹妹为妻。伴随这次婚姻，带给了我一大家子人，即岳父、岳母，以及妻子的小弟弟，这一大家人全部都靠我一人来抚养。后来，她的弟弟结婚时，我还是花费了一些钱，总共五十个银圆，还给他介绍了一份工作（她的兄弟现在还依然在那里工作）。由此，我在汉口干了差不多五年半，后来到重庆干了六年。然后我们车行的几个分行因为负债而关门查封了。是因为什么债务呢？我们在汉口的总部把几架飞机卖给了南京政府。本指望获得第二批飞机，所以签订了新合同，但是，当时有个美国飞行员把第一批飞机运到以后，就违反合同"跑掉"了。

● 少女姐妹：蓝里容与蓝笑梅

● 父亲、母亲和女儿

● 1937年一家三口

● 1933年沙依诺夫、蓝笑梅新婚留影

当我们接到通知说飞机已做好，需要付款的时候，南京方面就违约拒收了（这个美国人把另一个美国人①弄得狼狈不堪）。汉口总部没法买下这批飞机，总部和这些分行就被查封，抵押给了中国银行，员工全部失业。

抗　战

1934年的下半年，沙依诺夫到了刘湘的第二十一军战车大队任少校，领月薪一百银圆。他为川军部队培养了一大批机动车驾驶员，维修保养了几十台战车。1937年11月，沙依诺夫接到命令去南京第七战区长官司令部报到。上司对他说：现在缴获了很多日本坦克，无人会摆弄，你必须去南京。12月10日凌晨他到达汉口。这时离日军占领南京城、开始大屠杀只有三天了。他和同事从汉口驾驶着两辆汽车（使其不致落入日本人之手），历尽艰辛回到重庆。之后他又去第二十一军到邓锡侯司令部的修车行上班。

24

紧接着，有人推荐我到二十一军，做管理维护从英国买来的两辆装甲车和五辆拖拉机的工作，拖拉机是原来我工作的车行卖给二十一军的，改装成了轻型坦克，同时培训轻型坦克的年轻驾驶员，先培训他们驾驶摩托车。一周去上两次班，工资每个月一百银圆。

与驾驶员们熟悉以后，我感觉这支队伍不会长久，的确也是这样，因为当时占据成都的刘文辉的二十四军和驻扎重庆的刘湘的二十一军开战，这两个四川的土皇帝本是亲戚，他们两个居然打起仗来。最后，经过战斗，二十一军在损失不大的前提下，把对方赶到距离成都二十四公里的"鸦雀哭"山口，在这个地方还大打了一仗。本来这两辆装甲车赶去是帮助打仗的，结果半途就返回了，理由是沿途一些桥不能承受其重量。其实重庆与成都之间总共就只有两座桥。所以，这显然只是一种托辞而已，我认为装甲车是可以开过这些桥的。因为为了过桥，已经采取了一些专门措施，但是车队怕装甲车开到桥中间突然熄火，电动打不燃，需要手摇，人就要从坦克里出

---

① 另一个美国人：指与总行签协议的人或总行老板。

来，会很危险。对这种解释，我也有疑问：步兵没有装甲车的掩护仍然要打仗，他们又用什么来避免伤亡呢？不过装甲兵警告我千万不要在当官的面前说这些。

这个装甲车队一共只存在了一年，就被认为于作战没有用处而被解散。装甲部队在解散前几天，加拿大传教士使团的一个中国雇员在交谈中就告诉了我解散的消息，并告知如果我同意到教会医院开货车，往返于成都与重庆，就去加拿大传教士使团谈条件。传教士成员们早就知道这个装甲团要解散。

我不想失业，就同意了。报酬仍然是一个月一百银圆，外加行车行路途中的食宿补贴，即途中的中、晚餐和旅馆住宿费也由医院承担。实际上我经常还要自己装卸货物。后来我提出了抗议，因为所有中国驾驶员开的中方车辆上都配有一个副驾驶，而我仅仅就一个人，途中万一发生任何状况都无人帮助。传教士使团经过考虑，同意我找个帮手，但是他们不给帮手付酬劳，只是路途中我享受的吃住他可享受。于是我就把我的小舅子拉来做帮手，使

● 1934年沙依诺夫在重庆较场口改装坦克

我这个小舅子从无所事事中摆脱出来了。他做了我的副手后开始对车感兴趣，并喜欢上了这个工作。后来他又去公路局的一个修理所负责修理内燃机车，他现在在部队的机修所当技师。

我在那里干了一年以后，我介绍了另一人来接替我。因为我作为一个中国公民和原装甲车队的成员全部被召到善后督办公署总部成都市管理处去报到。公署总部买了三十五辆新福特货车和十五辆各种牌子的小汽车。小车车辆中有新车，也有旧车。我被任命为主任技师，继续领一百银圆的报酬。我有二十个学徒，都是二十一军战车大队的人。因为卡车都是新的，工作量小，所以我们薪酬也不多。有时甚至一两个月也拿不到薪酬，找的理由是没有钱。实际上是负责发钱的主管们挪用这些钱去买紧俏商品投机倒卖挣钱，挣的钱用来购置不动产。这事很多人都知晓，但无能为力，抱怨也没用。

因为国民政府的上层只关心自己的钱袋，完全不考虑下属的疾苦。在抗战期间，二十一军的两辆装甲车和几辆轻型坦克的五名车长和驾驶员，11月的时候接到命令，被派到南京第七战区长官司令部。我对这次去南京推辞了很久，我找的理由是，我是一个俄罗斯人，我的证件身份不允许我离前线太近。但上面对我宣布：你是具有中国国籍的人了，你必须服从命令，现在已缴获了很多日本坦克，而无人会摆弄它们，所以告诉我并强令我去南京。

11月22号早上8点半我们乘坐公共汽车从成都出发去重庆。清政府掌权时期这些地段没有铁路，尽管很多年前就从老百姓这里收钱要修汉、渝、成铁路，规划过，钱也收了，但渺无进展，实际根本没修。而新中国刚成立，马上就开始修成渝铁路，没有从老百姓这里收钱，也没有强迫老百姓无偿修路，而在很短时间完成了这个宏伟工程。

所有这一切都是在人民敬爱的伟大领袖毛泽东和共产党的英明领导下取得的成就。

成渝铁路通车后，从重庆到成都的首发列车到达成都时，受到民众的热烈欢迎，欢迎人群中一位老太太高兴地讲述道，清政府从我们身上搜去那么多钱去修铁路，路却没看到，新中国成立后，政府没有收她任何钱却修好了路。现在她由衷地自愿与大家高兴地前来祝贺铁路开通和首发列车的到来。

25

我们到重庆后，办理了所需的相关证件，就上了"民来"号轮船，我们像闷在大桶里的鲱鱼一样，顺流而上，于12月7号到了宜昌。在宜昌换乘"泰兴"号轮船，船上仍然拥挤不堪。这艘船上全部都是军人，途中一直都在为争抢饭菜而相互吵架。12月10号凌晨3点我们到了汉口，我们在岸边一直等到天亮。

早上6点才得知战区司令部已经从南京转移到了汉口，刘湘将军已住院了。我跟一个徒弟被留在汉口司令部负责维修司令部的汽车，其余的人都被派往前线去了。在这里，真正意义上的修车倒没有，唯一就是偶尔做做调试、测测车况。每天躲警报都要躲到法租界去，没有防空洞这类可以躲防轰炸设施，我们只有待在宾馆里面。我们的司令部位于日本租界，我们在汉口这段时间，日本人一次都没有轰炸汉口市区。

1月20号晚上8点刘湘将军在医院去世。他长期患胃病，在成都就经常胃痛，当时一个法国领事给他治疗，这位领事曾经是位医生。刘湘夫人后来乘飞机过来，租了一条轮船，将整个司令部的人、物以及刘湘的灵柩载离汉口。而在没有通知我们的情况下，把我们这几个人留在了汉口。还有五辆小车也没有带走。

司令部撤后，我们又在汉口待了两周。多半是因为当时留下的三个副官不急于出行。每天晚上他们开车出去打麻将。我发现被留下的五辆车只剩下了两辆，就问其中一个副官："还有三辆车到哪里去了？"他回答我说，那三辆车送到车行报修去了，其实那三辆车根本不需要维修。是什么原因让他们送去维修我就不知道了。我猜想他们把它卖了，挣了一大笔钱。这意味着如果我们再在这里待下去，剩下的两辆车也即将不保。因此我对留下来的一个自称叫贺穆的上司断然宣布，我们再无必要留在汉口，第二天早上我将开一辆车去四川。

他为了说服我说道：只有车上挂军旗，车才能开走，否则车在路上会被扣。我回答他："这不可能，司令部的人早就跑光了，谁会给你发军旗？明早我一定要开一辆车走，也不应该有任何阻挡，你们自己看着办，我就不在这里坐等小日本儿像杀鸡一样来屠杀我们了。"

那一夜下小雪，落下即刻就化了。早上天刚蒙蒙亮，我就开始发动一辆车，我正往车上装我的东西时，这位上司就跑来找我，让我等他们，不要把他们扔下，他们也决定和我一起走。他们发动了第二辆车，装上自己的行李，我们一起上了路。我们一共十二人，加上十五桶煤油和轻质汽油装上两辆汽车。头一天因为下雨道路泥泞，只行驶了四十五公里，晚上我们在竹莫林村路边搭棚过夜。

当时没有真正像样的道路，国民政府不关心道路的建设，行驶于汉口、罗河口、沙市和宜昌之间的长途公共汽车都是借用没有铺上铁轨的铁路路基在行驶。

车经常陷入泥泞，所以时常需要用人拖出。我们两辆车十二个人以及不少行李，一路上我的上司还用毛瑟枪威胁过沿途农民帮助推车拖车。当地农民说，一般下雨的情况下路上都不能行车。第二天，在可怕的烂路上行驶了四十二公里，然后，一辆汽车的一块蓄电池被撞坏；另一辆车的风扇皮带也坏了，所以不得不派人去汉口买蓄电池和皮带。派去买东西的人直到2月4号才回来。

经过千辛万苦终于到达了宜昌，在一个外观像别墅的房子里安顿下来。这个房子是司令部一个军人的，在这里我们住了十七天，是希望等待休假和有人来换班。

我们原本在宜昌应该转乘轮船，是因为有人给我们建议：不要经过贵州。贵州本来倒还是有一条路可以到四川，但是你们到不了重庆，因为在贵州现在的所有的汽车会被征用。谁征用？这个问题没人回答我们。

我们决定找轮船航运局，所到之处得到的答复都是："需要排队等两个月！"上司手上有一封电报，命令要我们立即装船赶回重庆。我们向有关方出示了这份电报，但仍然无济于事。因此，我们两个想回成都的，决定去租一条驳船，人和货都乘驳船去。但是当时很难租到这类船，因为所有的船只都被国民政府征用，或者被有钱的难民租赁了。为了找帆船，我们在宜昌待了十七天，在宜昌期间曾经遇到三次防空警报，最后一次警报是我和我的副驾驶在离当地飞机场不远处的一家小食店吃午餐。大家来不及跑，所以只好躲在此。日本人在轰炸中炸坏了几架来不及升空躲避的飞机。遭遇空袭时，通常这些飞机都起飞朝相反方向走，而不是朝敌机来的方向迎上去。郊区出现大量死伤者。

终于我们和一位驾驶员找到一艘旧船——是艘没有人敢乘行的破船。船主本来琢磨在船上开一家鸦片馆。尽管我们的头儿并不满意我们找到的船，不过，在无法找到比其更好的情况下，头儿与船主商谈好了价钱。这位船主其实是位好舵手，而且十分熟悉这条扬子江。他允诺在十五天内把我们送到重庆，不过，恶劣天气和大风延缓了我们的到达期——我们是在出发后的第三十天才到重庆的。

26

2月23日，我们一大早就开始装船。装完时已经是下午1点。最后，我们于2月25日下午2点出发上路了。这时，头儿在船头升起了一面小军旗（方便自由通行）——真不知道他是从哪里搞到的，一定是我们司令部在离开汉口时为他改制了这面军旗。24日那天船主四处找寻纤夫，备齐了索具，做了远航准备，结果船刚刚驶出宜昌两水里就靠岸，又加雇了纤夫。4点45分，我们继续出发前行，晚上6点，到了一座名叫"南京—宽宜"的小村庄。花半天时间走了十五里路后，我们在此过夜。有时候一天可以行驶六十五里水路，不过，大多数时候一天行程为四十五里。也有顺风的日子，那我们一天可以走一百三十里。

有三次我们的船差点完了。第一次是当拉船通过挡在路上的第三道暗礁险滩时。险滩弄断了舵，船也被戳出一个洞。修船耽误了一整天。第二次是当拉船通过挡在路上的"恶滩"时，拉缆两次断了，船突然后退，差点翻了。我们上牵道帮助船工们拉缆才躲过劫难。

当时这个船上只有两个人，舵手（舵把子）和他的助手，我们都惊叫了，以为船会沉，不过这一刹那舵手用力俯身猛压舵，把船扳正了。舵很大，扳舵是很危险的。还有一次，船掉进了漩涡，方向都打调了，舵手对我们喊："不要动！坐好！"然后吩咐船工们全力划桨，一船的人都惊恐万分，但老舵手毫不畏惧，带领船工们喊着号子脱离了险境。在第一个可以靠岸的小镇，船就停靠了岸，船老板买了不少酒肉，好好招待大家吃了一顿，还让大家休息了半天。他买了一只公鸡和中国的香蜡，用公鸡的血抹在船头，并点燃了香火。这是纤夫们对摆脱灾难而获救的祈祷仪式。我们翻了九

● "要准确表达和描述扬子江的秀美是需要一定水平的"——20世纪30年代的客轮

道上水滩，3月5号下午2点20分，我们来到省界点，意味着我们已进入四川了。我们经过了一个叫白水的小村庄，在离村庄两俄里的地方，看见有人正在打捞一艘叫"民涛"号的沉船。这一天我们创纪录地行驶了一百八十里路，但是，有两次差点翻船。在这条扬子江上我曾经好几次乘坐轮船航行，第一次是1922年我们从宜昌乘首航的"Chi-ping"号轮船，驶离宜昌九十里就触礁，船被戳了两个大裂口，好不容易才抛锚靠岸，当时船体已开始下沉。然后我们换上了从重庆下来的一艘日本轮船驶回宜昌。在船破处附近的那座石壁上，刻上了船名"Chi-ping"。重庆到宜昌的班轮经常出事。这一段河不知沉了多少船，死了多少人。

乘坐轮船期间，没有任何人向你介绍长江两岸的秀丽风光。乘船在这条江航行，我的确发现了两岸的美丽风景，不过，要准确表达和描述扬子江的秀美是需要一定水平的，一路上船工们热情地介绍沿岸风景，讲解经过的一些桥亭楼阁以及岸上高处的庙宇的传奇来历。

我在一个小本子里面，对在路上看到和听到的做了记载，本想到成都后再详细地描述，遗憾的是我没有才能，无法用语言描述和表达我所见到的。中国的扬子江就如同伏尔加河一样。我认为我的这个评价可以得到作家波列沃依的赞同。他曾经乘坐上水船到过不少城市和乡村。他写的游记就叫：《漫游中国中心地带》。

在这个小本子里，我记录了这个河段的沉船的名字："Mai-ping" "Suiting"等。新中国成立后，在这条河上白天晚上都有很多班轮航行，而之前，只有白天通航，就是在白天都非常危险。现在河道上安置有浮标、信号灯以此向过往轮船和帆船指引航道。所有的险滩都已被清除（被炸毁）。这一切都是在我们敬爱的领袖毛泽东和共产党领导下所取得的，毛泽东同志万岁！共产党万岁！

而国民党政权根本没有想到和不愿想。因为类似沉船死人这类事与他无关。我认为，如果我把这一切讲给革命后出生的人，说国民党政府只会生产吱吱作响的独轮车、人力车、运送较重货物的两轮平板架架车（板板车）、给富人坐的轿子和为远路设计的滑竿——人坐在滑竿上由两个人艰难地抬着前行，汗流浃背的抬滑竿人都是非常贫寒，想挣点钱来养家糊口，是非常不容易的，因为这个活儿异常艰辛。其中还有一个麻烦，就是吸食鸦片的影响。抬滑竿的人吸食鸦片后，求得短暂的精神状态恢复，更容易使他们挣得的一点钱又投入鸦片，于是就更没有钱了。一本名叫《在印尼岛上》的书中有一段话，电影导演多格马拉·波塔斯写道："有着迷人香味的鸦片不是一条用于打扮的玫瑰色的围巾，而是一条套在中国人民脖子上的可怕的绞索，目的是要令中国人民窒息。"

那时候，诸如汽车、摩托车和自行车都不是中国自产的，而是舶来货，而现在在受大家拥戴的敬爱的领袖毛泽东和共产党的领导下，汽车、摩托车、拖拉机、铁路都是国产的了，而不是花高价购来的外国货。再无鸦片，因为吸食鸦片被禁止，乘坐轿子现象也消失了，吱吱作响的独轮车被三轮自行车和汽车代替。

27

我们这趟颇不轻松愉快的旅行终于在3月24日结束了。我们到了重庆。首先我们收拾打扮：在澡堂洗了个澡，理发修面，然后彻彻底底睡了个好觉。要知道我们可是有长达三十天在路途中，而且是乘坐一条并不大的船，船上载有两辆汽车、行李、数桶煤油和轻质汽油以及十五名船工，外加我们这十二个人。

在船上无固定睡处，任何一处可供躺下睡一小会儿的地方大家都在睡。到重庆后的第二天，我们去了司令部，被告知让我们暂时休息，同时上交随船带来的公物。我同我的副驾和我的助手到上司家去，希望弄清楚我们运来的车辆交到哪里和交给谁。因为我要为这些车辆负责。其中一辆车是该上司在汉口时使用过的。他吩咐要把这辆车送到他的住处，我回答说，明天卸船后才能交给他，突然，令人吃惊的一幕发生了，他高声吩咐用人上茶、上烟和上毛巾，紧接着把我们安排入座，然后把我安排在上座，仔细询问我们一路过来的情况，总的来说是把我们奉为上宾。

第二天，当我们把车子开过去，相反的事情发生了，他出来看了一眼车立即生气地涨红了脸说："为什么车身满是泥浆？"我回答他说："运输途中这辆车没有专门装箱，而我们是乘这辆车过来的，这条路既长又泥泞。如果把它洗干净，那么它就会呈现原来在汉口时的状况。"他吩咐我和我的助手先把车擦洗干净再交给他。我们不能抗命，反正当时他还算我们的长官，也还管着我们，情不情愿我们还是把这辆车收拾得漂亮又干净。这次他又出来查看了一下，我问他工具箱交给谁。他吩咐交给他的用人，接着笑了笑，不过既没有再高声吩咐用人给我们上茶上烟，甚至没有请我们进他家门，只是说："你们可以走了，想去哪儿去哪儿。"接着，他就转身消失了。他就是这样表现他的礼貌的。我和我的助手对望了一眼，就离开了。①

在重庆司令部与我们一起从汉口回来的同行人中，没有一个人拿到去成都的路费，他们对我说司令部的人只是声称："没有谁请你们过来，这里也没有一个人认识你们，我们这里名单里没有你们的名字。"这就是我们送来两辆汽车还有几桶汽油和工具后得到的草率说辞。有意思的是，无人问我其他的车辆到哪里去了。同船来重庆的一位副官因假借运公家货物私运鸦片而被逮捕了。鸦片烟是他在兴昌村里买的，当时我们在那里停船过夜。尽管那天我们到达时才3点15分，就是因为所有人都说这里的鸦片烟好又便宜，所以船员们决定就地休整和买烟。

我是要回成都去的，我的家人在那里，但是没有钱做路上的盘缠，我决定去找我的这位上司尝试借点钱。一听说我要借钱，他皮笑肉不笑地回答，他借不出钱来，因为他自己也无钱，他也是没钱的穷人，而实际上他在城里就有一处大宅院，在城郊河对岸还有一处好房子，根本不穷，是个财主。我告诉他我是向他借，而并非要他施舍，同时我会留下欠条，一到成都立即会寄还借款。可他一转身就走了，一分钱都没借给我。

顺便提一下，我还在汉口时，这位上司在我们司令部位居稽查，我是他的直接下属。一次在汉口，我接到一封我妻子发来的电报，我去找这位上司请假回成都一趟，当时他对我说："别担心，不管发生什么事，我都不会丢下你，需要多少钱就拿多少去，但你不能休假回去。"我当时没有要他的钱。他说过的"我不会丢下你"这话现在到哪儿去了？在离开汉口前他从没讲过司令部迁走后剩下的人怎么办。

4月3日我在街上闲逛时，遇到一位从成都来的同人，我曾经介绍他去加拿大教会医院接替我当司机。我跟他一起待了一天，4月4日一大早，我们就出发去成都了。当时天气很好，很暖和。我们在内江过夜后早上6点钟就又上路了，当天下午3点半到的成都。我终于投入家人的怀抱，这次旅行也到此结束。其实在重庆我有不少熟人和我从前的修车学徒，但是我无颜向他们

---

① 手稿此处原眉注：你们应该记得一位海军军官说的话：白种人的高贵，即一个欧洲人在东方，一个白种人的优越感早就丧失了。

开口借钱。

28

回成都后,我去了当时在汉口领导我们的司令部报到,才了解到从汉口带出来的这些车辆并不应该交到重庆,而应该带回成都。我解释说,这事并没人告知我,是原来我们汉口的上级机关在重庆要我们把车辆留下的。

我再一次被留在司令部,不过那三十五辆新卡车我再也没见到。车修所里空无一人,令我惊讶的是司令部有人告诉我,死了父亲后,子女们会瓜分父亲的遗产。

而李库参告诉我,修车所的车和人都已转属公路局,并提醒我别去以前的修理车间,同时指给我看了司令部对面我会在那里上班的一个修车行。我的活儿不多,只需要养护和维修七八辆小汽车。从汉口回来一个月后,我们的成都司令部要求我们提供两张照片。我问我们部门文书:"要照片干什么?"他回答说:"要想吃饭,要想领食品那就得交照片来。"结果交了照片才知道我们被拉入国民党了,还发了党证。我至今不明白为什么要把我们拉入国民党。不过,有一次这张党证还起了作用。一次我和两位同事就坐于一个小铺子里面喝酒,街上有一个人在这个铺子外面不断来回走动,一位同人说:"看那位探子在注意我们!"不出所料,过了一会儿他进了铺子,凶巴巴地问我们:"你们是干什么的?"(换句话就是"你们是什么人?")我从上衣口袋掏出刚刚拿到的小本子,寄希望司令部的章起作用,对他说道:"这些是我的同人!你看看这是什么?"那人看到这张证件,连证件内容都没看立即消失了。这张证件果真管用,不然我们会被这个探子带去询问。店铺主人看见我出示了一样东西给这个探子,就让我给他看是什么,他看了这个证书后对我说:"你是国民党。"这时,我才明白这个证书就是国民党党证。

还有一次,我和我的同事在茶馆喝茶,不一会儿,邻桌来了一位穿军装的人。稍后,他走到我们桌前问我们:"你们是不是修车师傅?" 当时我们都穿着工作服。我们回答说正是。他就请我们看看他的吉普车。那车已经修好,就停在离茶馆不远的车行里。

同时,他还向我们打听,想找一位司机去一趟重庆。我向他表示了我想去重庆的愿望。他说他很乐意带上我同行。当时，我需要请一周假，所以，我到我们部队让文书写请假一个星期的报告。他马上写好，建议我自己到上级那里要求签发通行证。

参谋长副官同意后说是还要找参谋长本人批准。我就去了。敲完门进去呈上报告，看到房间里坐着马将军、魏[①]将军、牛参谋长和其他人。马将军和牛参谋长都是我们司令部的参谋长，而魏将军是重庆来的客人。他此前也在汉口第七战区司令长官司令部任参谋长。我修过他的座驾，所以他熟悉我。而当时他已经在重庆。听说他是重庆宪兵司令部的高官。

看过我的报告后，马将军和牛参谋长对视了片刻，都劝我说："你如果在重庆有要紧事，那就找别人代办，你自己就别去了。因为在成都我们可以保证你不被袭扰。如果你到重庆，出了什么事情或者把你抓起来，那我们就无法帮你了。你明白吗？"我回答说我在重庆并没有什么事要办，不过是好长时间没有去过了，只是想去逛逛，而正好有一位当兵的让我同他一起去。结果报告没有被批准，被他们劝阻了。当时，我没有把此前已经有人向重庆宪兵司令部写信告过我，说我与苏联有联系当回事。

我怀疑是司令部文书干的，因为就是他强迫我加入兄弟会，说是只要我加入兄弟会，兄弟会马上就可以找到我被盗的自行车。不过，结果却截然不同，所以，我就再没有去过兄弟会。文书曾经傲称他的士兵兄弟会中有一位欧洲人。

那时候，反革命政权严厉追查布尔什维克党人及被怀疑与布尔什维克党人有联系的嫌疑人。所以，假如我去了重庆，就很可能逃不过大家熟知的、没有人能够活着出来的"白公馆"了。后来，我从另外一位文书那里了解到，当时我们部队的司令邓锡侯将军、马将军、牛参谋长和其他人在接到重庆宪兵司令部有关有人告发我等情况的质询时，都为我做了担保。我那时候才明白：为什么当我提出来要请一周假时，他们并不是无中生有地提到扣押我的事情。

我被告密的一年后，一天，在院子里集合了大约五十来人，宣布因为部队裁员我们被解雇。同时，还告诉我们，下月再发津贴，而且说的不是到司令部领，而是到一家居民住处。当我按约定日期和时间到那里时，见到街上到处是被撕碎的纸片和我以前的一些同人。他们警告我不要进到这家去自

[①] 魏：此处为俄文音译，也可能是卫或维。

找苦吃。我们可不是来乞讨的乞丐。津贴数额太少。这些钱只能够买两个烧饼。我也把我的证件撕碎，然后就回家了。

我与别人合开了一个小修车铺，就这样又坚持了两年多。活儿有得干，只是很难收到修车费。很多人都是来修车后答应付钱，而却一点没有付或者没有全付。就这样干了一段时间，我遇上了一位来自欧洲的熟人医生。他告诉我说一家欧洲人居住的旅馆需要司机，想介绍我去。

我同意了。因为白干活儿而收不到钱我没有办法养活徒弟们。

一年后，这家旅馆被查封。因为原来住在这里的和住在民宅的欧洲人都已经离开。旅馆被查封后，我在一个经营从成都到重庆线路的私人客车老板那里干了一段时间，维修这些客车。在干这份工作期间，我迎来了新中国成立。

在胡宗南将军的最后一支国民党部队准备撤离成都前，司令部的一位人员在街上见到我。他提醒我要少上街亮相，而且要加倍小心。

校园里

1938年沙依诺夫定居成都。他将属于川军马德斋师长所属的一块荒芜的坟地买了过来。他率领家人，自己动手盖起了七间房子，包括四间草房和三间瓦房，他不但挖了一口井，还挖了防空壕。这就是后来编入街道名称为"筒车巷9号院"的初始建筑。从1952年2月开始，沙依诺夫正式成为成都市第七中学的一名俄语教师。热爱教书育人的沙依诺夫骨子里信奉文明和友善，并以此要求自己的学生。沙依诺夫在七中教书七年，其教学任务虽然十分繁重，但这却是他感到最快乐和最充实的日子。后由于家庭原因，沙依诺夫调到太原的铁路机务段汽车修配厂，从事内燃机修理工作，直至六十八岁退休。1970年，沙依诺夫回到成都，从此一直居住在成都西城区筒车巷9号院。

● 新中国劳动者沙依诺夫

29

很多人都知道我做过俄语教师,我算是俄罗斯人,所以,请我在好几个地方教俄文。我经常是从一个地方上完课又到另一个地方上课。也有许多人到我家来学俄文。这样过了一年,有人建议我放弃在多处教俄文,而只在第七中学里教。第一学年我在这所中学的课非常多:一周有二十小时,即六个班级中,每个班级有男女学生五十二人至五十五人。每周每班一次听写和一次家庭作业。所以可以想象我每天晚上要改多少学生作业本子。晚上还要备第二天的课,检查学生作业本,去开会、参加教学讨论和政治学习。后来,我培养出四位英语老师改教俄语,再加上从上海和其他地方来了经过师范培训的新老师,我们这所中学里就有了八名俄语老师。我一下就轻松了,课也少了,作业本也改得少了。我买了四卷集俄文版《毛泽东选集》开始学毛选。我不会用中文读写。现在闲暇时我还喜欢读一读这些文章。

我在第七中学工作和教书七年。我妻子在包头市铁路上修汽车。她在包头干了一年后,根据参加工作时的规定,她本来应该调来成都,结果却被调到太原市。我再次申请将她调到成都,而她工作的机修段单位却建议我调他们那里去。我同意后就被调到太原市我妻子工作的机务段。在那里我一直

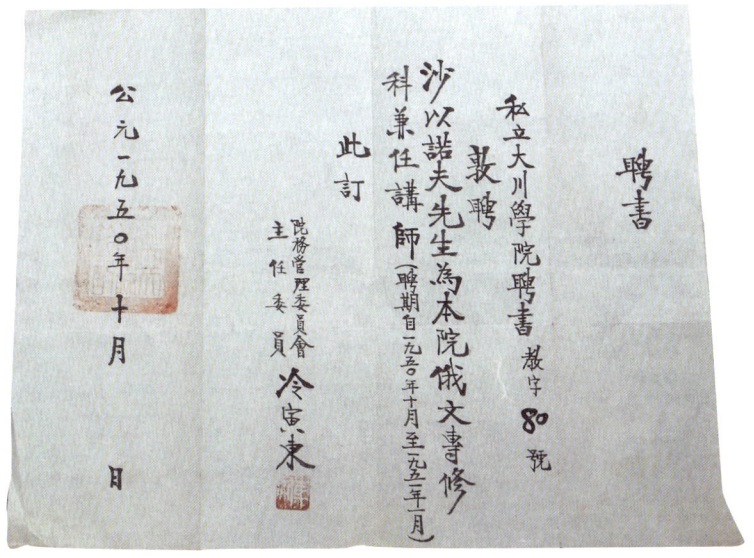

● 1950年，大川学院兼职讲师聘书

● 筒车巷9号郁郁葱葱的后院

● 沙依诺夫夫妇和儿子们在一起

● 全家福:崭新的20世纪50年代

工作到1961年11月。到人员精简下放时,因为我年事已高,组织问我们三人(那时我六十八岁了,其余两位都是六十岁)愿不愿意退休。我们同意退休并且于这一年11月正式退休。我现在是退休铁路职工并且每月定时领取退休金。这就是我们的新中国!

这样的关爱在国民政府当政时有没有可能?永远做不到!如果你老了,病了,失去工作能力了或者已经虚弱了,只有被扫地出门去一条路等着你。没有积蓄,既无土地也无不动产,为求得到一片面包,只有沿街伸手乞讨。

现在我们清楚地看到和亲身体验到的是我们亲爱的、备受爱戴的导师和领袖毛泽东和中国共产党对人民群众的关怀,当然也包括关心像我们这样的老年人。

我们亲爱的,备受爱戴的领袖毛泽东万岁!!

中国共产党万岁!!

我们务必永远牢记亲爱的导师毛泽东说的话:"要文斗不要武斗"同时不要忘记"阶级斗争"。毛泽东和周恩来都是伟大的不可战胜的英雄。他们热爱自己的人民、自己的祖国和其他国家被压迫的人民。为了自己的人民得解放,他们献出了自己所有的一切。他们取得了成功。他们统一和解放了人口众多的四分五裂的中国。

● 沙依诺夫遗留图书《俄英词典》《回忆长征》等

● 沙依诺夫与七中同事合影,在那里他度过了最快乐和最充实的日子

● "为革命赤胆忠心"1967年沙依诺夫与妇女同志合影共庆三八节

我是一个外国人，不过在我们敬爱的伟大领袖毛泽东和中国共产党的领导下拥有了新的权利和新的国籍。我在中国生活了六十年，从未看到像现在这样如此平等的社会，我获得了中华人民共和国国籍，拥有和其他中国人完全一样的所有权利。我为这样的新生活感到高兴，并衷心祝愿伟大领袖毛泽东永远健康，中国共产党永远兴旺。

我们的红太阳陨落了。我们的红太阳永远离开了我们，我们再也看不到您那光芒万丈充满智慧的眼睛，它们闭上了，永远地闭上了，但是我们永远不会忘记您的英明教诲。我们不会忘记您留给我们的那些谆谆教导。毛泽东和周恩来这样的亲切的名字会永远和我们同在并永远活在我们心中！

1976年，这一年是多灾多难和诸多不幸的一年，董必武、英明和敬爱的周恩来总理以及朱德英雄相继去世。多地发生地震以及到1976年9月9日倍受大家敬爱的导师、领袖和英雄毛泽东去世了。永垂不朽！万古长青！中国人民的英雄们安息吧！！你们永远活在我们心中。

1982年11月5日，二遍鸡叫后天色发白前电闪雷鸣下着雨。

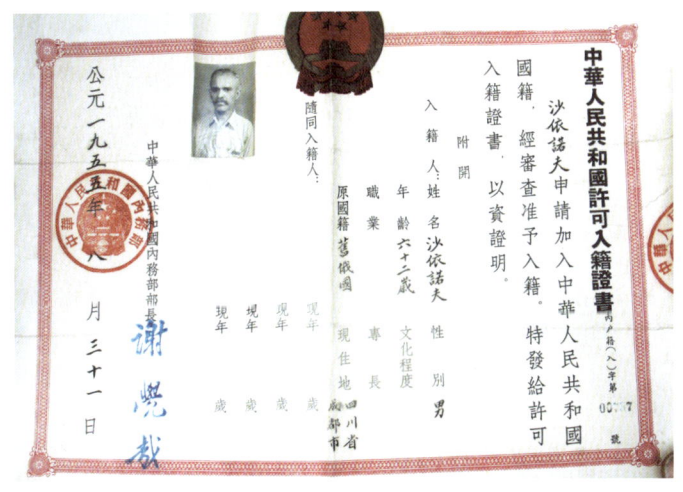

● 两次成为中国人，一次在旧中国，一次在新中国

1982年,沙依诺夫完成了属于他一个人的回忆录。两年后,他在成都家中安详逝世,享年九十一岁。波荡不安、充满传奇的一生犹如深藏的金矿,这部回忆手稿,再次将记忆里的故事开启,让另一群陌生人跨越国界、种族、年龄和身份,牢牢牵绊相聚,引起了另一个长达二十余年的故事。

一抔黑土

寻找沙依诺夫

第一章 成都有一个『俄语群』

● 白美鉴工余小憩

会俄语的三轮车工人白美鉴

故事要从一个会说俄语的三轮车工人白美鉴开始。

白美鉴生于1939年,出身于商人家庭,新中国成立时仅十岁。他初中学过一学期英语,高中学了三年俄语。白美鉴语言天赋很好,对外语的悟性极高,他喜欢外语课。平时俄语考试几乎全得满分。

1959年,白美鉴考入四川农学院农机系。第一学期结束时,母亲生病,他休学回家陪伴母亲,长达八个月之久,这期间他自己也患了神经衰弱。当时正是三年困难时期,社会情况有些混乱,农学院每个学生每月只有十九斤粮食定量。学校安排他返校,他没有回去。1962年他再次参加高考,虽然俄语只错了一个字母近乎满分,其他课程却考得差了,名落孙山。

白美鉴总结说:自己对学习缺乏目的性,总是跟着兴趣走,经常心有旁骛,宽而不专。而当时国家能够提供给年轻人的出路并不多,上大学算是最好的出路。白美鉴错失上大学的人生机遇,一生辗转于社会最底层。

他先是进了铁路文工团从事器乐演奏。他中学时代参加过成都市文化局举办的"群众器乐观摩演奏会",吹笛子获奖,但是专业剧团不比群众文化活动,演出要求非常高,他没有受过专业训练,功底不够,又不甘心在文工团打杂,也不甘心接受团里的安排去学另一种他不喜欢的乐器,便选择了离开。

一段时间他掏大粪。1960年起蹬了三年三轮车，三轮车为公用事业管理局管辖。之后到市建一公司打临工。再到石油局下属单位当装卸工，整天抬水泥，他个子瘦小，累得吃不消，但每月三十元工资算很不错了。他没有主动离开，却遇上了"一刀切"——所有合同工和临时工全部辞退，因为"文革"开始了。

白美鉴失业了。困顿中忽然发现卖笛子可以挣钱，他又喜欢吹笛子，这是一条出路。于是买了一堆笛子，边吹奏边卖，收入虽少，但自由而快乐。同时学做木匠，试着为别人打家具挣钱，一半也是无师自通。

1970年"文革"高潮中厉行"割资本主义尾巴"，全面取缔个体经商，不准他卖笛子了，有关部门用极低的价格将他的笛子全部收缴。很惨，不但失业，贫困中的一丝快乐也被取缔了。

这年白美鉴三十一岁，三十而未立，陷入生命最低谷。

1972年起他靠做木匠当临工挣钱，收入少还很不稳定，换过好几家单位。

1983年白美鉴四十四岁了，和一位农村姑娘结婚，1984年儿子出世。养家活口，生计艰难，他再次蹬上了三轮车。

白美鉴是性情中人，天生不能扭曲心灵压抑个性。20世纪严格的计划经济时代，是要求人们绝对服从的时代，不服从就会吃亏，吃大亏。白美鉴大半辈子磕磕绊绊，一直生活在社会最底层，在困厄、艰辛、贫穷甚至屈辱中，他没有丧失尊严。他也不压抑天性，依然热爱知识、热爱艺术，常常率性而为。时而翻看学生时代的俄语教科书，回忆幸福时光，于是省下钱去外

● 白美鉴翻看乐谱

文书店买俄语书,有空就取出来读。他始终把俄语当作自己重要的精神文化内容,快乐地"消费"。

温故而知新。在学习过程中,基本不涉及中苏、中俄高层斗争的抽象概念,不涉及政治军事经济的抽象名词(这些东西离他的生活极其遥远),沉醉于优美的音律、有趣的语法规则和日常会话中。

知识回馈给他力量,使他充满自信。在弱势群体中,白美鉴待人接物别具风度,他神态自若,不卑不亢,快乐从容。不以底层劳动者自卑,以高尚的文化追求而自豪,凛凛然定力深厚。

机会总是留给有准备的人。白美鉴工余休闲结交懂俄语的朋友,愉快地与学友们交流。渐渐地,朋友间多了几分情谊和牵挂,终至难舍难分。

如此情境下,白美鉴的生命中出现了第一个俄罗斯人,一位大胡子白种老人。

大家都叫他"沙洋人"

见到这位白种老人,人们的第一反应都是"这是个外国人"。

其实这不是外国人,而是中国人,一个加入了中国籍的俄罗斯人。老人姓"沙依诺夫",大家叫他"沙洋人"。20世纪30年代至80年代中期,沙洋人一直住在成都西城马家花园附近、北巷子的筒车巷9号院,他和家人在这里生活了五十年,与四邻关系极好。邻居都说沙洋人有礼貌教养,肯帮忙,按中国的说法为"助人为乐",人们都伸出大拇指赞扬"沙洋人是大好人"。

沙洋人家与白美鉴家相邻,早在1960年代,白美鉴就注意到这位蓝眼珠、高鼻梁、一把大胡子的白皮肤老人,那时沙洋人七十来岁,已经退休了,习惯于每天早中晚三次绕着几栋高楼散步。

沙洋人留着一把托尔斯泰式的大胡子,十分引人注目。据沙洋人的大女儿沙玛莉说,有一次,沙洋人散步时,一个人跟踪他,显得鬼鬼祟祟。沙洋人不高兴了,开始还忍着,终于耐不住,停下来,正面质问:"你跟着我想

● 20世纪80年代的筒车巷

● 沙依诺夫晚年在筒车巷院内

● 留真相馆摄影师镜头中的沙依诺夫
（1983年11月　叶明春摄）

干啥？"那个人怯生生地说："大爷，你能不能走慢一点，最好是停下来，让我给你照张相？"

原来是留真相馆的摄影师。

后来沙洋人的黑白照片就长期挂在成都留真相馆的橱窗里。因为是黑白片，明与暗格外清楚——深色帽檐下两撇雪白的浓眉，眉毛中挺起几根刚强的银毫伸向天空；整个面孔的下半部被一大把长及胸脯的纯白色大胡子遮盖，胡须蓬松而洁净，根根都有质量，银光闪闪。再配上前凸而高挺的鼻尖，明亮而锐利的眼珠，使老人的面容平添几分神秘，神秘中透着威严。

这张照片，给当时生活较为僵滞拘谨的成都社会增添了另类色彩，许多老人都说："沙洋人哇？咋不认得他呢，有照片挂起得嘛！在路上碰到得嘛！"

沙洋人每天都要照着镜子梳理自己的大胡子，他很注重自己的形象。虽然那会儿人们穿的衣服都一样，老人们几乎都穿蓝色和黑色的中山装，但沙依诺夫的衣领扣子总是扣得严严实实。走路腰板挺得笔直，显得很精神，很硬朗。不管走到哪儿胸前都挂着一枚徽章，那是铁路局发给他的退休标志徽章，他很以此为荣。

沙洋人喝酒也很厉害，据说他嫌四川白酒不够辣，还要往酒中添加胡椒粉，使其更辣一些。

人们隐约听说，沙洋人在民国时期给四川军阀马德斋开过汽车，新中国成立后在成都第七中学当过俄语老师。更多的，则语焉不详。当时白美鉴也太年轻，并没怎么在意这位来自异乡的老人，更没有想到要和他产生什么联系。

1980年白美鉴四十一岁了，给一个单位打临工当木匠，业余温习俄语兴致正高。有一天碰见沙洋人，突发奇想，希望来个口语交流，便壮起胆，上前主动用俄语和沙洋人打起了招呼。

白美鉴用俄语说："你好！"

沙洋人也用俄语回答："你好！"

白美鉴用成都话说："你认不到我了哇？"

沙洋人也用成都话回答："我记不到了。"

白美鉴找个借口，自称是沙洋人在七中教授俄语时的学生（其实白美鉴没有在七中上过学）。沙洋人一听这个年轻工人会俄语，而且是自己早年的学生，非常高兴，就用俄语和白美鉴交谈起来。从此一发而不可收，他们经常在碰面时进行简短的俄语会话，一个尽心地教，一个虚心地学。

1981年元月，某天白美鉴过生日，家中准备了几样肉食，见沙洋人从门外经过，便热情邀请他进来共饮几杯酒。沙洋人喝了几杯酒，但是不吃菜，还解释说："俄国人喝酒都不习惯吃菜的。"

两人的关系自此更加亲密。沙洋人散步时，常到白家小憩，与白家人用成都方言交谈，白美鉴也随时去沙洋人家小坐，请教俄语问题。白美鉴了解到沙洋人会德语，日语也不错，还会一点上海话，一个人语言能力这么强，敬佩油然而生。

沙洋人也不仅仅教白美鉴一个学生，他极愿意帮助每一个想学俄语的人。

不过，沙洋人和周围人们包括白美鉴说话时极有分寸，点到为止，不谈政治，不谈国事，不谈自己的经历。他从来没有对人说过自己是怎样从俄国来到中国的。

白美鉴评价沙洋人：他经历坎坷，也非常能干，从俄罗斯来到中国，举目无亲，白手起家，弄了一个大家庭，还弄了一个大房子，家里儿孙满堂。

沙洋人强化了白美鉴的爱好，也不断启迪着白美鉴的灵性，白美鉴俄语进步很快，辛苦地蹬三轮车之余，生活充满乐趣。一定程度上，白美鉴也受沙洋人庄严平和的人生态度的感召，他甚至不时地抬眼远望，感受着蓝天白云的高远和深邃，给自己的未来灌注了悠远而空阔的希望。

一台录音机

1980年，白美鉴萌生了想买一台录音机的愿望，因为沙洋人已是八十七岁高龄，留下这位俄罗斯老人的语音成为一项抢救性任务。沙洋人来中国定居已久，他的口音跟当代俄语有距离，带着一些古俄语的味道。白美鉴想要将沙洋人的口语用录音机录下来，作为永久资料保存。

小五金店内有录音机出售，二百三十元一台，是那种比皮鞋盒子还大、重量以公斤计算的旧式录音机。在大商场里，同样的录音机要卖二百五十元一台。

然而贫困是弱势群体共同的特点，贫困给白美鉴的计划带来很大困扰。收入微薄还要养家活口，他只能一分钱一分钱地节约，早餐省几分钱，中餐省一角钱，晚餐省一角钱，如此存钱一年多，再借了六十元，终于欢天喜地抱着录音机回家，准备去沙洋人家录音。

好东西特别怕贼惦记。录音机买来三天后，一个瞄准了这台录音机的小偷，撬锁破门，潜入白家盗走了录音机。

轻易不掉眼泪的白美鉴，大哭了一场——主要不是为录音机，更不是为钱，而是为了沙依诺夫的语音。这时，沙依诺夫已经八十九岁了。

沙洋人有个大家庭

人们不知道沙洋人在想什么,也不清楚他来成都前的生活经历,但是他在成都的日常生活却有目共睹。

沙洋人岁数大了,家人为他摆张藤椅在家门口,让他躺在藤椅上看书。他从外文书店买来不少俄文书,包括俄文版的《毛泽东选集》。

1984年8月13日,沙洋人安详地闭上了眼睛,享年91岁,安葬于成都凤凰山回族公墓。弥留时,沙洋人榻前亲人围绕,身后留下两儿两女,孙子女和外孙子女。唯一的遗憾,是离开俄罗斯祖国后,未能再回奥伦堡故乡看上一眼。

据家人讲,结婚前,沙洋人离开祖祖辈辈生活的俄罗斯,就像双脚离开了地面,形单影只孤苦伶仃,神魂在异邦飘飘荡荡。虽然有一起来到中国的俄罗斯朋友,以及在中国新认识的朋友,但那不能代替家的安稳。用四川话说,这叫"脚不栽根"。而且,在1935年第一次加入中国籍之前,他是外国人,生活中经常有诸多麻烦和困扰。

● 沙依诺夫生前反复翻阅的《毛泽东选集(俄文版)》

● 全家福：微笑着的一家人

● 全家福：被二女儿沙莉莉全家人围绕的老两口

从1931年起，因为婚姻，沙洋人的生活与一个中国家庭紧紧地连在了一起。他是鞑靼族，经媒人说合，与居住在重庆较场口的回族姑娘蓝里容相识，并由女方家长主持结了婚。蓝里容是家中第三个孩子，她给沙洋人带来了父母兄弟姐妹整整一个大家族。

沙洋人融入了妻子的大家庭，家中祥和、欢悦、热闹，让他享受到家的温暖，营建了家的港湾，使他结束了漂泊异邦的生活与漂泊无定的心境。

他感到了久未享有的幸福。一棵俄罗斯大树终于移栽到中国，移栽到中国西南的土地上，两脚"栽根"了。

沙洋人起早贪黑任劳任怨地为全家忙碌，一大帮人主要靠他挣钱供养。有一段时间，沙洋人的月收入是两百个银圆。不过他也多次失业，经常另起炉灶。

可惜妻子无福，结婚第二年患上败血症，连同胎儿一起殁了。伤心痛惜之后，沙洋人娶妻子的妹妹蓝笑梅做了填房。

沙洋人对蓝笑梅一如既往地体贴爱护，蓝笑梅生养了四个孩子——大女儿沙玛莉、小女儿沙莉莉、大弟沙惠德、小弟沙惠仁。后来据他们的孙子回忆，爷爷奶奶非常恩爱，一辈子没有吵过架红过脸，他们相扶相携走完了一生。

中国妻子蓝笑梅

和沙依诺夫相守一生的中国妻子蓝笑梅，出生于1919年2月26日，比沙依诺夫年轻二十六岁。蓝笑梅让沙依诺夫享有了中国式的家庭幸福，她让晚年的沙依诺夫感到在中国生活的美好，决定不回俄罗斯，并再度加入中国籍。

据蓝笑梅在1950年代自己填写的表格记载，20世纪二三十年代，他们家住在重庆较场口十八梯。据他们的孙子回忆，当时蓝家以做包子馒头为生。

蓝笑梅念过书，求学经历颇为曲折，多次转学。她幼年在重庆回民初级小学念书，学校地址在重庆较场口的清真寺内。升入巴县学校念高小，仅

● 其乐融融的一家六口

仅一学期。再入一家名为"游艺树坤"的学校继续念高小,这个学校的地址在重庆下半城方十字。然后进了位于火药局街的四川省女子职业学校农科。1933年从位于杂粮市天福庙内的重庆市女中附小高四级毕业,再入位于小十字的美国人开办的文德初中念第一期。

到1934年,虚岁十六的蓝笑梅命运发生极大转折。这年她三姐蓝里容因病去世,家中打算让她填房,便休学在家。当年8月,蓝笑梅与前姐夫订婚,10月正式结婚。

他们的家,从重庆城区南部的较场口搬到城区北部的曾家岩。后来,因他们工作的美信洋行汽车厂位于重庆城中部较高位置,在今天枇杷山正街和捍卫路相交的黄家垭口附近,他们再搬至黄家垭口,安家在一处叫作"维也纳茶馆"的茶铺子对面。沙依诺夫在厂里修车,蓝笑梅当仓库管理员,保管汽车零件工具等。

在美信洋行工作一年多以后,美信洋行濒临倒闭,沙依诺夫另寻工作,蓝笑梅便居家料理家务,1935年7月生下大女儿不久,由于沙依诺夫转往成都工作,蓝笑梅随同来到成都。

1942年10月至1946年5月，沙依诺夫与人合伙在成都开设修理厂，蓝笑梅为丈夫当助手。因与合伙人发生意见分歧，各自分开，蓝笑梅协助丈夫，和学徒们一起干。后来生意不怎么好，就将修车铺转让了。

新中国成立后，沙依诺夫积极响应人民政府的各种号召，例如政府号召妇女要走出狭小的家庭，要努力学习，要积极参加社会主义建设，他就鼓励妻子走出家庭参加工作。1951年1月，设立在成都梓潼街的汽车工会举办学习班，蓝笑梅参加了第一期的学习，同时参加回民文化协进会，担任过会员代表。之后一段时间，蓝笑梅担任筒车巷居民委员会的调解主任。

1955年，蓝笑梅抓住了参加工作的机会，在铁路三局招考工人和技术员时，沙依诺夫支持她报考，全成都市录取的女性只有三名，蓝笑梅脱颖而出。由于几十年来蓝笑梅经常给丈夫修车打下手，进行实际操作锻炼，所以

● 夫妻俩与大女儿沙玛莉合影于筒车巷9号院

● 沙依诺夫与蓝笑梅相伴一生

对各项机修技术都比较熟悉。但是铁路工作具有特殊性，工作地点往往离家很远，蓝笑梅被铁三局分配到内蒙古铁路局，去了包头。

妻子去那么远上班，夫妻两地分居，家中问题很多。沙依诺夫是七中的老师，教学任务重，难以兼顾家务。他不断向上级反映，希望把蓝笑梅调回成都来。多次反映后，蓝笑梅的工作地点从内蒙调到了山西太原，再调到了陕西华阴县，离成都很近了，但就是回不了成都。

上级对沙依诺夫说：女方调回成都难度太大，要是男方愿意去她那里相对容易。为了能跟妻子在一起，沙依诺夫离开成都，也离开教师岗位，调动到铁三局汽车队从事机械维修工作，地点在山西太原。

沙依诺夫终于在山西与妻子团聚，夫妻俩在那里生活工作直到退休。

六十八岁的沙依诺夫从铁三局山西太原机务段汽车修理厂退休，回到成都和大女儿住在一起。每月按时领到退休金，稳定的生活让沙依诺夫很满意，他再三表示：感谢新中国，感谢共产党。

蓝笑梅于1978年五十二岁时从同一工厂退休，回到成都。

1984年8月13日，九十一岁的沙依诺夫去世，蓝笑梅率领一大群子女、孙子女，将丈夫送到成都凤凰山上的回民公墓。

1990年12月19日蓝笑梅去世，享年七十一岁，也葬于凤凰山回民公墓。

大女儿沙玛莉

沙洋人的大女儿生于1935年，在重庆出生，取汉文名字沙玛莉，到清真寺受洗礼，阿訇为她取了穆斯林名字"默尔延"。

1984年父亲长逝，沙玛莉已快五十岁，年轻人尊称她为"沙孃"。

1937年沙玛莉两岁时，跟随父亲从重庆来到成都。她回忆说，为了生计，父亲带着全家老小，从重庆到成都，先后搬过几十次家："我记得最开始搬到成都来时，是在天府广场旁边的东鹅市巷。那时的四川省主席是邓锡侯，父亲为邓锡侯开车，全家乘汽车从重庆过来的。"

● 蓝笑梅与女儿们在沙家院子里,后面是三间草房、四间瓦房

● 沙依诺夫与沙玛莉夫妇在成都人民公园

● 沙玛莉展示父亲的旧书

　　他们在成都西城马家花园筒车巷居住的时间最久,从1938年至今。沙玛莉记得刚搬来时的情景:马家花园是曾担任过邓锡侯副官的川军师长马德斋的产业,一片荒地,一个个无主坟茔,阴风凄凄,人迹罕至,不要说夜里,就是白天也怪吓人的。沙依诺夫自己平整地基,自己盖房子,盖起七间房,四间瓦房和三间草房,墙是四川惯见的夹壁墙,即木柱之间用竹片穿插,外面糊上碎稻草和成的稀泥,再涂上石灰浆,颜色白生生的。一大家人解决了遮风挡雨的问题。

　　那时周围连像样的大路都没有,更没有路灯,小道蜿蜒坎坷泥泞,晚上进出,要靠打火把照明。有一年成都发大水,这一带洪涝,几间房子塌了一半。修复时财力不够,被迫减少一间。

　　在沙玛莉的印象中,父亲沙依诺夫在成都做过不少工作,除了当过司机,还修过车、卖过水果、放过电影,甚至挖过井。新中国成立后,父亲先后在成都七中、铁路工程局下属的学校、西北中学等学校当过俄语老师。

　　在女儿眼中,沙依诺夫是一个忠实、能吃苦、与人为善的父亲。"我们家住在北巷子时,客厅里总有一块小黑板,那时候经常都有不少人到家里来补习俄语,父亲都是给他们免费上课。父亲还想办法给学习俄语的朋友提供点资料。"沙玛莉微笑着说。

沙玛莉打开了父亲的密码箱。在密码箱中都是珍贵的资料。各种老照片、借书证、老信件，甚至还有沙依诺夫1950年在总府街给共青团学生教俄语的学生花名册。

沙玛莉能听懂部分俄语，但不认识俄文，因为父亲没时间也没精力教孩子们学习俄语。稀奇的是，年事渐高的沙玛莉，还有马德斋师长的女儿，在21世纪的第二个十年中，也参加了学习俄语、学唱俄语歌的"群"。两位八十多岁风烛残年的老人，积极努力地想要掌握这门对她们来说毫无实用意义的外语，仅仅因为与俄语有缘，学习俄语使她们快乐。

白美鉴成为沙家常客，时常与沙玛莉探讨俄语问题，例如"这里写错了一个字母；这里不应该用未完成体，而应该用完成体"等。1993年，当白美鉴又一次到沙玛莉家串门时，沙玛莉告诉他，有个俄语训练班正在打广告招生……当然，这是后话。

老三届学生罗德琼

这个与沙伊诺夫密切关联的"俄语群"的其他人物将陆续出场，在时光隧道的穿梭中，他们带来了明快艳丽的现代色彩。

1978年高考时，成都的老三届学生罗德琼，请沙依诺夫为她辅导俄语口语，得以顺利考入西南师范学院外语系俄语专业。罗德琼写下了《回忆沙依诺夫老师》一文：

● 青春朝气的大学生罗德琼

认识沙依诺夫老师是在1978年夏天。那是恢复高考的第二年，我在西城区精神病院工作八年后,有幸参加了高考,并上了录取线。因我是老三届初中66级学生,没有学过高等数学及理化,只能考文科,我报考了西南师范大学俄语专业,由于担心口语面试不过关,这时我单位一位同事告诉我,就在我们医院附近筒车巷,住着一位俄罗斯老人,他教过书,很热心,叫我去找他。

一天下午,我一下班就拿着一本俄语书,怀着忐忑不安的心情到了沙老住处筒车巷9号。只见院子门半开着,小院里收拾得干干净净,种有许多树木和花草,一位八十多岁的俄罗斯老人坐在房门口。

我大胆地走到老人面前,先自我介绍一番,然后说明来意,沙老非常高兴,马上给我让座,在闲聊几句家常后,沙老就翻开我带的俄语书,开始一个单词一个单词带着我读,我读得不准确时,沙老立即纠正,并不厌其烦地多次重复。我的陌生感一下子消除了,我非常庆幸自己找到了一位又热心,又有耐心的好老师。

此后,我多次下班就来到沙老家,每次沙老、沙老夫人及子女都热情接待我。沙老先是教我发音;后又教我语调的读法;特别注意疑问句与陈述句读法的区别;后又教我日常用语。

高考时我的口语面试能过关,真是要万分感谢沙老的耐心指导!

当我把被西师俄语专业录取的喜讯告诉沙老时,他非常高兴,当即找了一本俄语书送给我。我在西师学习期间,经常用俄语给沙老写信,简单汇报我在西师学习和生活的情况,每次沙老都很快给我回信。

放寒暑假时,我回到成都,每次都买点小礼品去看望沙老,沙老见到我都非常高兴。记得有一年我一个弟弟要来西师过年,我们姐弟打算不回蓉了,我连忙给沙老写了封信,告诉他情况,并说明今年不回成都过年,以免他挂念。

多么热心,多么善良,多么真诚慈祥的俄罗斯老人,你永远活在我们心中!

刘勇记忆中的夏天

刘勇出生于1960年，成都人。祖父家是个大家庭，外祖父家也是大家庭，人口众多的家族背景，是形成刘勇喜欢热闹、人际能力强、善于沟通的性格特点的重要原因。刘勇体格健壮，脑子灵活，表情率真而阳光，走到哪里都招人喜欢。

十八岁刘勇高中毕业，正值"文革"结束，招生制度改革，能够通过考试进大学。他有自知之明，成长于"文革"中，并没认真读书，基础知识不够牢固，必须刻苦复习。刘勇的舅舅知识渊博，他天天去舅舅家补习。几个月突击强攻，头悬梁锥刺股差点把脑子用坏，某天深夜回家遇院子大门上锁，越墙而入，直接跳进墙根下的粪坑里。

1978年秋天，刘勇考进西南师范学院。大感意外的是，他填报的是数学系，却被调配到了外语系，不是热门的英语专业，而是冷门的俄语专业。

由于国家多年来反对"苏修"，俄语成了冷门中的冷门，报考的人特别少，学校在"愿意服从分配"的考生中调配。刘勇被分配到78级俄语专业三班。

1980年暑假，刘勇回到成都家中。一天，同班同学相约前往沙依诺夫家拜望，说沙依诺夫口语特好，去和他交流沟通。于是，时年二十岁的刘勇第一次见到了生活在成都平民之中的俄罗斯人，留下了很深的印象，并牵出了后来的故事。

他看见，典型的中国川西院落里，有一位典型的白种人安坐在藤椅中，他年纪很大了，白皮肤、蓝眼睛、高鼻子，大胡子银光闪烁——一位慈祥的老祖父。刘勇心底里关乎人性的某种情愫被牵动，情不自禁地紧盯着老人，说不出话来，一时竟忘了礼貌和问候。反差太大，疑窦丛生，他觉得，这个场面一定包含着极为丰富的有关生命的故事——这位大胡子老人，他怎么来到中国的？他经历过些什么？这个纯粹的成都民居庭院，怎么会成了他的家？

而时年八十七岁高龄的沙依诺夫气度沉稳，几分神秘，几分威严，光线透过树叶洒落在沙依诺夫身上，营造出柔和的氛围。周围果树成荫，花木繁茂，散发出的植物气息芬芳浓郁。

● 八十七岁沙依诺夫在筒车巷9号院与刘勇合影

● 1980年8月绿荫树下

• 1980年夏沙依诺夫与西师俄语班学生欢聚

• 沙依诺夫手写俄文标注西师俄语同学姓名

石条桌上摆放着茶杯，一个印有毛主席头像的笔记本放在桌上，一支钢笔放在笔记本上。老人翻开笔记本，向大家递过笔来，指着本子的空白处，用俄语说："请先把你们的中文姓名写下来！"

都是俄语专业的同学，不需要翻译。待同学们一一写下名字，老人再拿起笔，在中文名字后注上了俄文拼音。

沙依诺夫请同学们写名字的提议，消除了年轻人的拘束，他们轻松了，自在了，活泼了，发问了。同学们用俄语在沙家院落里摆谈了许久。

沙老让同学们留下姓名，并亲自为每个姓名写下俄文注音。三十四年后，当这帮孩子已逐渐步入老年，笔记本的纸张也发黄了，他们突然发现了三十四年前写下的自己的姓名和沙老写下的俄文注音时，爆发出一阵激动，眼眶都湿润了。

俄语班来了个高龄学员

1993年，苏联解体已两年。中俄之间刚刚兴起"以货易货"贸易，边境线上往来频繁，莫斯科及各大中城市里活跃着来自中国的从事商贸的人们。

到处都急需俄语翻译人才。然而此类人才奇缺，国家无暇顾及培养大批量的俄语翻译人才，市场上也少有高端的俄语培训机构，完全跟不上时代发展需要。成都一家名为"拓展"的公司，瞄准商机，聘请位于莫斯科的俄罗斯国立普希金语言学院的教授柳芭、巴维尔夫妇，请他们来成都举办俄语培训班。

柳芭教授时年四十四岁，全名"法里谢恩科娃·柳波芙·维克多洛夫娜"。她的丈夫巴维尔是一位医学博士，原苏联《真理报》医院医生。

拓展公司向社会公布俄语培训班招生的消息，广告在报纸上连登三天，竟无一人报名。这使得完全不会汉语的柳芭教授有些失望。再加上柳芭夫妇俩极不适应成都冬天阴冷潮湿的气候，心情的阴郁可想而知。

处于郁闷之中的柳芭夫妇却不知道，就在这一天，在成都市另一头，住在西城区筒车巷的沙玛莉，告诉到她家串门的三轮车工人白美鉴："有个俄语班招生，你去参加吧！"这时白美鉴已经五十四岁了。

次日，俄语培训班报名处来了一位年龄偏大的人，他就是白美鉴。这是第一个来柳芭俄语班报到的学员。柳芭描述：

> 那天，这个人来到报名处，他已过知天命之年，身形瘦小，鬓发花白。他从左边裤兜里掏出一本《俄汉小词典》，又从右边裤兜里掏出一本俄国诗人拉德松的诗集。我问他是干什么的。
>
> 他想了一下，用俄语说："我是现代工人。"语气很肯定。
>
> 我不懂，就问他："现代工人是什么意思？"
>
> 他又重复了一次这个单词，我发现他的重音和前缀错了，其实他想表达的意思是"临时工"，却误说成了词根相同的"现代工人"。
>
> 我请他用俄语作自我介绍，讲讲自己的简历。
>
> 他说："我现在不讲，等我们彼此熟悉后再细说。"

当时，白美鉴不愿意透露自己的情况，他很可能是这样考虑的：前来报名参加培训班学习的，大概都是学生、青年教师、公司职员及外贸员工等，他们是白领，通过俄语培训可以争取更好的前途。而自己，一个年逾半百的三轮车工人，仅仅为了一个爱好，为了一份生活中的愉悦，才来到这个培训班。他不想在报名时就暴露自己的职业和真实身份，他觉得跟老师和其他学员拉开距离为好，哪怕只是为了保护这份小小的愉快。

这就是俄罗斯教授柳芭和三轮车工人白美鉴的初次见面，柳芭给白美鉴取了个俄罗斯名字：安德烈。

因为这些学生，柳芭教授对成都的印象美好而难忘。她说：

> 1993、1994年，我在成都，发生了很多令人难以忘怀的事情，其中1994年4月在春熙路发生的一幕让我印象尤其深刻。那天下午，天色渐暗，细雨蒙蒙，我和丈夫巴维尔快步走过春熙路和总府路口的街边。只见人行道一侧，有几辆等候乘客的三轮车。我侧身经过，无意间回头，瞥见一个坐在后坐位上等客的三轮车师傅，感觉很熟悉，其

● 1994年白美鉴（左一）与周伯征（左二）、柳芭（中）、沙玛莉夫妇

身影、容貌和神态都似曾相识。仅仅只有一瞬，我突然意识到这个人极像班上的学员安德烈（白美鉴）。直觉应该就是他。虽然我们已经走过去了，但产生这个意识后，我拉着丈夫巴维尔折返几步，直接站到那几个三轮车工人面前。定睛一看，其中一个正是我们的学员白美鉴。

不经意间我们在特殊情景下碰面。他本来想回避的，却猝然间不得不与我们目光相撞。气氛有些尴尬。我仔细打量，风雨春寒中，他身穿工作马甲，头发有些凌乱。个子很瘦小，那辆三轮车对他似乎很庞大也很沉重。他并不愿意我们在这种情景下相见，神色略显困惑，目光左右逡巡。

然而，让左右的三轮车工人们一脸惊异的是——我们是用俄语寒暄交谈的！

柳芭夫妇胸中顿时感觉热乎乎的。中国西部最大的城市中，一个处于社会最底层的三轮车工人，竟然是我们训练班最优秀的学生啊！他们莫名地感动，执意要白美鉴写下他的住家地址，他写了门牌号"金仙桥下街106号"。

这天，在成都市最繁华的春熙路，来自俄罗斯的柳芭、巴维尔夫妇发现了学生白美鉴的真实身份，这个三轮车工人困窘的现实处境，与他矜持而自尊的人格涵养形成的反差，令他们大为震撼。这样的街头邂逅，使学员将不愿袒露的辛酸简历，向老师做了一次特别的、永难忘怀的补充。

当时柳芭夫妇还不了解，白美鉴的语言及人格修养，与他和另一位俄罗斯人沙依诺夫的友谊有关。

学霸村姑钟雪茹

让白美鉴估计不到的是，培训班中还有一位跟他一样，来自社会最底层的农民小姑娘，她叫钟雪茹。钟雪茹是班里年龄最小的学员（而白美鉴是年龄最大的），参加这个俄语训练班，让钟雪茹彻底改变了命运。

钟雪茹来自成都市郊农村诸葛庙村。她原本种菜，后来土地被征用，成了失地农民。借来八千元本钱，她在成都荷花池集贸市场做皮鞋小本生意。钟雪茹天性勤奋而聪明，参加俄语训练班后，各方面都不断得到提升。在柳芭教授和同班同学周伯征教授帮助下，1997年，钟雪茹终于如愿考上了莫斯科大学。

爱好俄罗斯文化的群员们配合成都电视台记者，拍摄了人物专题纪实节目《村姑钟雪茹要去莫斯科上大学了!》，于1997年8月在《成视新闻·人物通讯》中播出，时长十五分钟。

俄语群一直在活动，大家常有聚会。有关钟雪茹在俄国的学习、工作情况，以及她不断努力促进中俄民间交往的成果，一连数年，在成都的电视新闻中被多次报道。紧接着《华西都市报》等主流报刊也刊登了整版专访《在莫斯科奋斗的成都姑娘钟雪茹》，引起社会广泛关注。

钟雪茹在莫斯科大学本科毕业后又考上了硕士研究生，毕业后在莫斯科成家立业，也从事着中俄民间文化交流的工作。

走进荧屏的三轮车夫

距1980年刘勇初次见到沙依诺夫，又过了十四年，时光之轮转到1994年，沙依诺夫已去世十年了。

从西南师范学院外语系毕业、原本在成都市委党校当教师的刘勇，于1992年改行到了成都电视台，担任电视编辑兼记者。1994年4月的一天，刘勇接下了成都电视台交给的一项任务，为台里所拍电视剧的相关俄文翻译和字幕做前期准备。他感到难度较大，期望找到来自俄罗斯的老外，获得他们的直接帮助。

刘勇打听到川大有一对来自莫斯科的外教夫妇。他没有找熟人引荐，直接找到四川大学的"熊猫馆"即外教楼，向门卫打听，证实了楼上住有一对俄国夫妻，丈夫叫巴维尔，妻子叫柳芭。

经门卫许可，刘勇径直上到四楼，敲开了他们的房门。女教授柳芭的政治警惕性挺高，她用略带怀疑的眼光打量刘勇一番，上下审视着这个冒冒失失的三十来岁的年轻人。而她的丈夫巴维尔，一个一米九高的大块头，听见不速之客用俄语表达来意，立即眉飞色舞——他来到成都，还没有碰见过几个能说俄语的当地人呢！他拉着刘勇就进了屋，并引用俄国谚语说："隔着门槛，概不握手。"既然是朋友就一定得请进家门，表达俄国人豪爽好客的意思。

刘勇用俄语做了自我介绍，说自己是成都电视台的记者，并试探性地说明来意，请求他们帮助。很明显女主人还是不太放心，她怀疑刘勇的身份。事后她专门打电话到四川省展览馆，找到原柳芭俄语培训班学员之一的王晋蓉副馆长，请王晋蓉电话核实刘勇的身份。

这天，巴维尔跟刘勇讲了三轮车工人白美鉴的故事。这位特殊学员留给教授夫妇太深的印象，见到记者，不说不快——哪管这位记者刚刚才自动送上门来，身份尚未核实。

柳芭夫妇专门约了一个下午，带领刘勇去拜访白美鉴。其实白美鉴与柳芭夫妇已经有过好几次相互串门了，他们在节假日互相做客。而这次，是专程引见刘勇与白美鉴认识，希望为刘勇筹划中将要拍摄的电视新闻做好前期准备。

刘勇回忆当时的情景：

> 我们三人骑自行车，从城东南斜穿到西北的北巷子一带，找到白美鉴在筒车巷马家花园附近、金仙桥下街106号的家。我们从一个小门洞进了一条二十多米深的小巷子。只见左边是土墙基加竹编抹灰的夹壁墙，显得历史悠久，苔藓剥落，右边是一段用老砖围建的"入户前院"，同样墙体斑驳。
>
> 一对陈旧的木制院门，将主人的生活与世界隔开。对于身材高大的老外来说，院门明显太矮了，巴维尔一米九的个头，只得低头而入。只见一辆客运三轮车停靠在院内一侧，斜对面有一水池，旁边一个多层木架可搁放脸盆，两个搪瓷盆和木水桶等杂物随便放在地上。院内辟有一小块菜地，养有几盆花。一只蜂窝煤炉灶安置在街沿边的屋檐下。院内设施简单，甚至简陋，但笼罩着这一切的，是处处体现出来的主人对生活的认真和热爱。
>
> 院内北边，有坐北朝南的小青瓦平房两间。进门，见外屋放一张小床，一侧摆放着明显是自己动手制作的衣柜，柜顶上还放有木匠工具锯子和刨子，可见主人的勤劳和能干。南向正对窗户的书桌上放着一台收录机，是早已过时的箱式老款双卡收录机。

让刘勇怦然心动的，是收录机上面堆放着的一摞学习用品——俄文课本、中俄词典、俄文教学磁带等。

> 进了里间屋，一束阳光正好从屋顶的四匹亮瓦中射下来，让人眼前一亮：阳光恰好照射着墙上挂着的一把二胡、一支竹笛，十分醒目，简陋的室内顿时增添了几分文艺的气息。

● 1994年李建新主任（左一）、刘勇（右一）与柳芭夫妇（中）在CDTV相聚

正如柳芭先前介绍的那样，白师傅很热情，人很直爽，两眼炯炯有神，说话音量很大，不卑不亢。自从三轮车工人身份被柳芭提前发现后，他索性自在了，也更豁达了。做事也很细心，一看柳芭夫妇带记者来访，便热情地沏茶倒水，介绍妻子与名叫白云的小儿子与大家认识，希望宾客之间找到更多的交流话题。

不久，柳芭夫妇专门约定了时间，邀约刘勇、徐启忠、蒋志强等成都电视台工作的年轻人带着摄像机，正式到白美鉴家拍摄新闻报道。然后，也请白美鉴到四川大学外教楼去，补拍还原当初白美鉴到柳芭所住的外教楼报名求学时，与柳芭教授交流的互动镜头。

1994年5月23日，一个名为《以学习俄语为乐趣的白美鉴》的采访，在《成视新闻》和《成视深夜新闻》节目中播出，时长约五分钟。

另外，刘勇初见白美鉴当天，也是柳芭第一次见到沙玛莉的日子。

柳芭和沙玛莉的相见引出了另一个故事，这个故事是一个极端重要的开始，在未来二十多年逐渐发展成为一个跨国寻亲的事件，以及一次跨国文化活动。

第一次亲密接触

第二年即1995年，四川省政府代表团赴俄罗斯访问，由省委副书记杨崇汇带队，电视媒体作为新闻代表团同行，一共八个人，其中有刘勇和王谦。

刘勇、王谦打算，在这趟赴俄之行中，除主要为政府代表团服务之外，他们还打算拍摄沙依诺夫的"传奇人生纪录片"，表现沙依诺夫当年为避战祸从俄罗斯越境来到中国，在中国生活数十年，参加抗战，参加建设，终老成都的故事。

这个筹划经过主管部门批准，由四川省外事办公室协助，以成都电视台的名义，与莫斯科州电视公司签订了合作协议，协议中还包括其他合作项目。

● 1995年刘勇与柳芭夫妇在莫斯科

1996年，成都电视台通过四川省外办向莫斯科州电视台发出邀请。尽管已经向俄方发出正式访问成都的邀请函，但是，受苏联解体巨大冲击波影响，合作项目因诸多问题最终流产，俄方终未成行。所签协议过期失效，也就归类存档了。

而1995年赴俄之行中，刘勇等人在莫斯科见到了柳芭夫妇，柳芭托他们带回一些礼物送给白美鉴。于是，回到成都后记者便带着柳芭的礼物，也带着摄像机，专程去到白美鉴的新家，拍摄了一期回访性专题小节目，制作完成，于1996年初在成都电视台第15频道《时代》栏目的"人物篇"中播出。

后来白美鉴数次搬了新房，刘勇在电视台也从总编室调动到新闻编辑部，工作性质略有改变，与白美鉴的联系不多了。再以后，他们仅仅有过几次用俄语写的书信往来。

白美鉴的信

其中一封1994年10月30日白美鉴写给刘勇的信，谈到了当年大家送别柳芭的场面，信中展现出俄语群同好之间纯善的友谊，感人至深，刘勇一直小心收藏至今。

那封信的开头俄文大致内容：亲爱的刘格里沙，很不好意思！这么长时间都没有给你写信，关于柳芭教授和巴维尔之事。我生病了，且病得很严重，就连三轮车也很少拉了，即使有时上街拉客，到家也是累得筋疲力尽了，什么事情都不想干，就连书和电视也不想看，直接回房休息了。以至于拖到现在才给你写信。最后，也请你向爱好俄语的朋友们，以及你的太太、家人问好！

柳芭夫妇是一句汉语也不懂的莫斯科人，来成都教俄语。他们在成都仅住了一年多，都结识了上百个中国朋友（川大学生除外），这些人中尽管职业、年纪、地位差别很大，却有一点相同，都是俄语爱好者,当然其中也有专业工作者。

九四年七月十七晚,大家集资在玉龙火锅城设宴为柳芭夫妇践行,与会人数竟出人预料地达三十余人。尽管晚会显得十分热闹,然而大家总觉得"别有一番滋味在心头",不过谁也不肯表露出来罢了。在座的人轮番地去向柳芭或巴维尔敬酒,只是说些类似"一路平安""旅途愉快"之类地祝福而已!

他们是乘十八日早晨八点火车离开成都的。按他们夫妇的请求,我和我爱人七点过就到了车站,准备帮他们搬行李,事先估计只有几个朋友能来送行,因为这个时间太不凑巧了,各人都要忙自己的工作。没想到,这天早晨会有二十多人来。当柳芭的汽车一到,大家都七手八脚地帮着搬行李,一二十件沉甸甸的包裹、箱子,不一会儿工夫就从几百米外的汽车上,搬进他们所乘的车厢里了。当我去搬行李时,巴维尔执意不让我搬,大概是觉得我已是五十多岁人的缘故吧。他比我年纪还大,却一手提一个大箱子。到了站台上,彼此依依不舍,一个个上前和他们握手、拥抱、话别⋯⋯已经握过手的人,一见稍微有空隙,又上前去握手、言别。柳芭夫妇应接不暇。这时,巴维尔已是热泪盈眶。我望望大家,又看看我妻,他们有的也都同我一样,几乎要掉下眼泪了。为什么相处时间这样短,接触次数不过数十次,还有一定语言障碍,我们与他们之间的情感会发展到如此地步!至少,我是无法说清的。

离开车不到一分钟时,巴维尔又从车厢里跑下来,再次和大家握手,他个子高大,加之用劲,我的手被他握得很疼,又不便叫出声来,真尴尬!小刘、周伯征我们几人都为他担心,大家一齐把他推上车厢,刚上去,车就启动了,多危险呀!他仍站在车门口,伸出手来,挥动着向我们致意,直到列车出站⋯⋯

车走后好几分钟,不知谁说了一声:"走吧,还站在这儿干啥?"大家如梦初醒,回过神来,不再痴痴地望着那早已远去的列车。当时,我只觉得茫然,好像什么都没想,口里不由自主地,喃喃地念道:"挥手自兹去,几声汽笛鸣。"(原诗是:"萧萧班马鸣")耳边又仿佛荡漾着那缠绵的歌声:"今日离别后,何日君再

● 1994年CDTV记者到沙家拍摄专题

● 1994年西玉龙街餐厅俄语群欢送柳芭夫妇

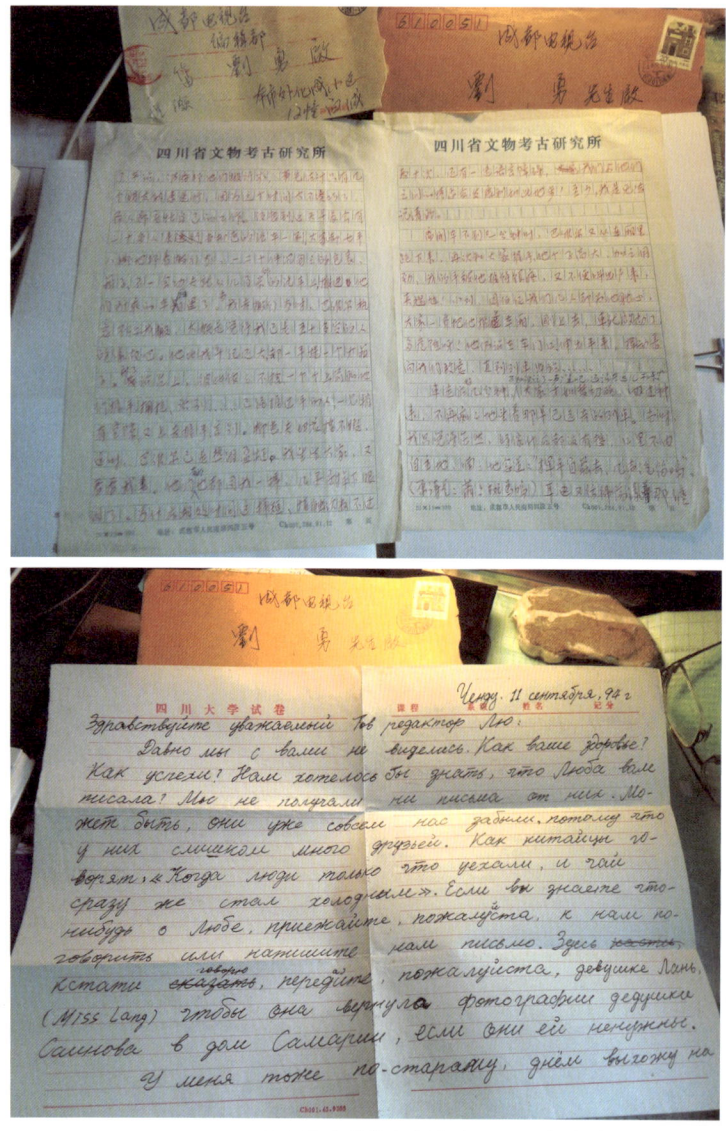

• 1994年白美鉴在书信中记下了送别柳芭夫妇的情景

来"，"今生成永别，且修来世缘"……

（未完，待续）

1994.10.30

白美鉴信件后写了一段俄文，译成中文是：今晚我觉得比平常好些了，于是才写了第一段，若有空且身体好些，将继续写。

古力奇

柳芭在1993年见到白美鉴和沙玛莉之前，从没听说过沙依诺夫的任何情况。但她从白美鉴身上看到了沙依诺夫的风采，她很感动。柳芭说：

"安德烈讲他年轻时因为贫穷，吃不饱饭，还患了神经衰弱，他现在是个工人，收入不高。但是我觉得，他用俄语回答问题时的表达方式和所用词汇，中国一般中学生的水平是达不到的。比如对'吃不饱饭'和'睡不着觉'的表达，能达到这样水准，至少应在大学里受过正规的俄语训练。

"于是我问他如何能达到这样的水平？当时他不想说。过了一段时间，我取得了他的信任，他开始对我讲他的经历。活灵活现的俄语讲述，使我十分惊讶，这样一个工人，懂得而且能够使用的俄语这么多，还知道19世纪俄罗斯的诗歌，这些是怎么做到的？后来才知道，原来他有一个老邻居沙依诺夫。

"沙依诺夫原来是俄罗斯军人，第一次世界大战时离开俄国，辗转到了成都，与白美鉴认识以后，他们经常在一起散步聊天。沙依诺夫给白美鉴讲了很多东西，包括他的过去，还教给他生活的道理。

"所以当时我就确信，生活在中国的沙依诺夫，对俄罗斯诗歌非常爱好，他没有诗歌集，但凭记忆记录了俄罗斯诗人拉德松的不少诗歌。这个诗人我以前没有听说过，但沙依诺夫对他的诗歌倒背如流。沙依诺夫教安德烈这样一个寻常的中国人不少俄罗斯诗歌，这是比较神奇的，这么一个有着高素养的俄罗斯人，对中国一个很平常的人教这么高雅的诗歌，我很感兴趣。

"过了一段时间，我决定用俄罗斯的方式，对沙依诺夫的后代表示一下。

"在俄罗斯圣诞节后的一个宗教节日，我做了一个特别的蛋糕，俄语叫作'古力奇'，俄罗斯人在这个宗教节日都要吃这种蛋糕。尽管当时在成都要做这个蛋糕很困难，没有条件，但我还是做出来了。我请安德烈将蛋糕送到沙依诺夫女儿沙玛莉的家里。

"几天以后，我出门时，见到在我住处门口有几个人，那是沙依诺夫的女儿沙玛莉、她的丈夫以及沙依诺夫的孙子，他们在门外等我。见到我，他们围上来说，谢谢我做的蛋糕，他们知道这种蛋糕，知道蛋糕的含义，感动得哭了。他们父亲在的时候，过节时做过这种蛋糕，父亲去世了那么久，他们再也没吃过这种蛋糕。他们还讲了很多沙依诺夫的事情，并请我到他们家做客。

"不久我去了他们家。这是一个庭院，是沙依诺夫自己亲手建的房子，我发现这实际是俄罗斯风格的建筑，里外看来都是俄式建筑，不是中式的，连院子里的设计也是典型的俄式，中国的院子不是这种风格。我感觉像回到俄罗斯了。现在我讲这些听起来好笑，但我还是需要讲一下。"

● 筒车巷9号，俄式风格的窗户打开着

沙玛莉为迎接柳芭的来访，专门做了俄式手抓饭，做得很丰盛，很美味。

沙玛莉说，她父亲的有些行为比较奇怪，比如他坚持要求子女们学习做俄式肉饼。孩子们对他说，这种肉饼与中国的饺子不是差不多吗？只是做法稍不同而已，中国是煮，俄罗斯是煎。他则强调说，你们不懂，必须要像我说的这样做。沙依诺夫还教全家做俄式肉汤以及其他俄式菜肴。

沙玛莉还说到，他父亲一直不理解中国人为什么喝啤酒用小容器，他说俄罗斯人都用大杯子喝啤酒，要我们去给他买大的容器。但是当时没有大杯子卖，我们给他买了一个大碗，可以装五百毫升，他后来一直都用这个碗喝啤酒。

飞机工程师瓦洛佳

2002年春节，白美鉴骑自行车上街，经过人民公园时，不经意间看见了一位高个子、白皮肤的洋人，他身旁还有个子略低的另一个洋人。对洋人具有特殊敏感的白美鉴停下自行车，凑过去听两个洋人交谈。

公园门口人多嘈杂，虽然听不清楚，但白美鉴准确判断出，这两个老外说的是斯拉夫语系的语言。他立即兴奋了，靠拢去，用俄语和他们搭讪。

凑上前去用俄语打招呼，这一招比后来见人就递名片还有效。而两位俄罗斯人在陌生的国度正一头雾水，突然听见一位普通中国人对他们说俄语，真是喜从天降。他们向白美鉴做自我介绍：矮个子名叫弗拉基米尔·吉利洛夫·瓦洛佳，是飞机工程师，从俄罗斯来成都132厂出差。高个子是瓦洛佳的助手。白美鉴也向他们介绍了自己的情况，说自己是俄语爱好者，见到俄国人就想切磋切磋。

白美鉴热情地询问他们想去什么地方，有什么需要帮忙的？瓦洛佳说要去百货公司买糖。白美鉴骑着自行车在前面引路，径直来到成都百货公司的糖果柜台前，开玩笑地问：你这糖可以先尝吗？其实他明知成百的糖果不允许先尝，就因为高兴，想和售货员说笑。

售货员一见老外，眼睛笑成了豌豆角，连说："可以尝，可以尝！"瓦洛佳没有品尝糖果，从衣袋里掏出一张糖纸，要求按图索骥。

第二天，白美鉴用三轮车送瓦洛佳去132厂，边走边聊俄语，免收车费。瓦洛佳返回俄罗斯之前，将他未花完的人民币四百零七元，托人带给白美鉴。

瓦洛佳说："回到俄罗斯之后，起初，我与安德烈通过邮寄平信交流，后来，我用笔在电脑显示器上写信，让儿子做成电子文档，用网络发'手写信'。"

十年后，2012年9月11日，这天是瓦洛佳的生日，远在成都的白美鉴，与万里之外隔着国境线的瓦洛佳，第一次用视频见面，用俄语通话，送上遥远的生日祝福。白美鉴还依次与瓦洛佳的母亲、儿子通话，互致祝福。

至今，白美鉴与瓦洛佳已相识十四年，瓦洛佳坦言："安德烈是我崇拜的对象。我一直为他能够成功学习使用电脑、勤奋、乐于助人、爱好学俄语和音乐感到感慨和高兴。安德烈周边一直都是些心地善良的好人：有音乐爱好者，有他的同班同学，也有俄语爱好者。我十分感激他的巨大付出，让我在成都结识到他的朋友圈，在他的陪同下游览了成都市的不少景点，听到了他的俄罗斯和中国朋友无数的故事。"

俄罗斯的川妹子

2002年暑假，钟雪茹回到成都，带来一位酷爱中国文化的俄国小姑娘奥丽娅。

俄语里有一种习惯性反问，当人们听不懂对方说什么时，会反问："你说的是'中国语文'吗？"

奥丽娅1986年出生于俄罗斯库尔斯克市，她从小就知道"中国语文"很难。七岁时她对中文产生兴趣，很想揭开这古老神秘的代名词"中国"的面纱。从九岁起，奥丽娅正式开始学习中文，她为自己取了中文名字叫"虹韵"。

奥丽娅喜欢朋友们叫自己"虹韵"。她喜欢彩虹，还能够用"韵"字连组三个词："押韵、韵律、有韵味，'韵'这个字和语音有关。"她的家乡库尔斯克很少见到中国人，她只学到"你好""谢谢""再见"等少量中国词汇。

十岁那年，父母带她去莫斯科度假，她提着裙角，光着脚丫在莫斯科展览中心（当时叫全苏国民经济成就展览馆）嬉戏打闹。遇见了来自四川师范大学、在莫斯科汉语中心进修的周伯征教授。她不可能知道与眼前这个教授相遇，对她而言意味着什么。她对周伯征说出了标准汉语"你好！"然后又说了"谢谢，再见！"缘分就这样结下了。之后，周伯征教授帮助她学习中文，给她讲中国神话故事，神秘的面纱褪去，"中国"在奥丽娅心中浮现出轮廓。

周教授回成都后，他们通过书信交流。周教授托人给她带去《汉语字典》和《俄汉字典》。好奇上升为渴望，只要功夫深，铁杵磨成针。她自己去找中文书籍、报纸和杂志，甚至给中国驻俄罗斯大使馆去信，索取资料。

上中学时，在同学们眼中她已是"中国通"，只要课堂上所讲内容涉及中国，同学们都会不由自主地将目光射向奥丽娅。她搜集了很多中国的东西，墙上挂着中国的扇面画、宫灯，书架上摆放着瓷器和泥塑。在她的带动下，家里甚至过起了中国式春节，包饺子，贴对联。

2002年暑假，正在上高中十年级、还有一年毕业的奥丽娅，受周教授邀请，跟着在莫斯科大学上学的钟雪茹，第一次来到中国成都。

奥丽娅骑着自行车穿梭在成都的大街小巷，她发现成都是一个"又旧又新的城市"，现代化建设突飞猛进，老人们却依然在老街坊里过着喝茶摆龙门阵的悠闲生活。既有春熙路通夜不灭的霓虹灯，也有古老的金沙遗址。她的绿色背包上挂有棕色刺绣，手腕上戴着各色丝线编制的手链，脸旁摇晃着古朴的银耳坠。买东西时，她强调自己的"本地人"身份，用四川话讨价还价："老板，便宜点！"

在武侯祠她体会了三国时期古老的文化。在望江公园她观察悠闲喝茶的人们，体验"有传统感觉"的竹凳。在九眼桥卖民族服装的小店里，花花绿绿的服饰吸引着她，跟着店员舞起了手帕。在彝、羌、藏族朋友那里她获得灵感。

成都一年四季都有丰富的水果，她喜欢骑着自行车去龙泉驿、三圣乡吃水果。她还骑车一百多公里去成都周边的村子、寨子里找"老乡"，看他们推磨、锄草，听他们讲当地有名的传说。穿过田间小径时，正在收割的大娘们停下手中的活计，向这位"外国驴友"挥手喊"你好！"，甚至有村民要请她到家里吃饭。她去过的一些地方，汽车都到不了，地图上甚至也没有标示。

回到俄罗斯，她穿上在成都购买的红色旗袍以及自制的中式服装，参加了库尔斯克市举行的服装模特大赛并夺得冠军。评委意见为"她把古老而优雅的东方文明带到了库尔斯克"，称她为"俄罗斯的川妹子"。

奥丽娅2003年高中毕业，没有任何犹豫，她选择了四川大学的汉语言文学专业（俗称"中文系"）。在周教授的帮助与支持下，奥丽娅顺利考入川大。本科四年毕业，通过HSK（汉语水平测试）9级。奥丽娅拿到了"优秀外国留学生奖金"，继续在川大攻读世界经济硕士学位。2008年8月研究生毕业，参加"在华外国留学生汉语大赛"获得四川赛区第一名。接着，在国家汉语办公室与孔子学院总部联合举办的"第二届在华留学生汉语大赛"中，奥丽娅从一百多人中脱颖而出获得铜奖。在汉语大赛的演讲中，她讲了这样一段话：

● 2003年，奥丽娅与钟雪茹在成都

● 奥丽娅在深圳"2016亚洲环保投资峰会"上采访世界金融三大佬之一

中国腾飞的道路一波三折，中国就像凤凰涅槃，她经历了许多磨难以后，重新站起来，强盛起来了！多难兴邦，中国不仅勇敢地克服这些困难，而且有了新的生命、新的动力、新的目标！人民就是国家的支柱。中国之所以能够获得如此巨大的成就，就是因为中国人按"前人栽树，后人乘凉"的原则生活和劳动。他们的目光很远，他们关心的不仅是自己的今天，而更多的是国家的明天。中国人民是强国富民的创造者，有了他们的不朽的精神，中国会一天比一天美好！

　　奥丽娅穿着自己设计的旗袍上场，在腰部绣了一个出自金沙遗址的金色太阳神鸟图案。外国朋友询问她来自哪里，她回答的不是"俄罗斯"，而是："我，成都的！"评委问她多大年纪？她回答"我属虎！"请她介绍一道川菜，她回答"麻辣豆腐"，评委纠正说"应该是麻婆豆腐"，她回答："我知道应该是麻婆豆腐，成都的麻婆豆腐要添加牛肉沫，我吃素，所以改成了麻辣豆腐！"

　　评委们都乐了，欣然点头！

　　也许，她的精神世界里就存在着与沙依诺夫生活观相同的一脉延续——普通人，大同世界，和平生活……

　　奥丽娅一直是成都俄语爱好者群和《成视新闻》关注帮助的对象。她成了"成都通"的新闻人物，不少记者和编辑因报道她，做出了好节目而多次获奖。2009年，二十四岁的奥丽娅进入香港卫视，成为第一位使用汉语的俄籍中文节目主持人。

围棋冠军铁木尔

　　2012年10月，刘勇曾经的同学兼同事徐仲旭打电话给他，语气非常兴奋，说："成都市的围棋圈来了一个俄国老外，居然把我下赢了！你和他聊聊吧！"

● 铁木尔（右一）与母亲（左二）、表姐（右二）、俄语群2013年5月在成都

铁木尔年仅二十八岁，俄国围棋高手，在成都进一步学习围棋。铁木尔在成都教一位年轻姑娘赵洪霞学俄语，帮助她考取了莫斯科大学，赵洪霞也成了铁木尔的未婚妻。

2013年10月，当"万里寻亲团"抵达莫斯科时，铁木尔率领老母亲、女友，全家出动帮助寻亲团寻找沙依诺夫在俄罗斯的亲人。他们热情接待了"寻亲团"十名成员。

"寻亲团"回到成都后，当年11月，铁木尔从俄罗斯飞到成都，赶到成都凤凰山回民公墓现场，拜谒沙老陵墓并见证"一抔黑土，从俄罗斯运回中国"撒土仪式的全过程。

2013年11月，成都凤凰山上的沙老墓前，铁木尔谈了有关"中国文化和俄罗斯文化差异"的如下感想：

> 当我第一次到中国来，就对中国留下了这样的印象：中国人友善，对人友好，到处都一样。从生活节奏来看，莫斯科和北京一样，生活节奏很快，成都生活节奏较慢，这一点使我特别惊讶。在成都的好处是很容易融入社会，很容易找到朋友，没有什么压力，对一个外国人来说很重要。所谓的文化特点就是当地人的特点。和成都朋友很轻松地相处，这也是我成都生活的一个部分，在这里我过得很舒适。

他对成都的感受，和七十多年前沙依诺夫来到成都时的感受，应该是一样的。

2014年9月17日钟雪茹再赴俄罗斯，见到了俄国围棋冠军铁木尔和他的未婚妻、成都姑娘赵洪霞，他们在莫斯科生活得很快乐。

亲爱的安德烈,你在哪里?[1]

2012年12月,距1994年举办"柳芭俄语训练班"已经过去了十八年,这时柳芭教授担任俄罗斯普希金语言学院语言文学系主任、俄总统俄语委员会专家,她再次来到成都,做学术交流。

十八年前,俄语训练班结束后,柳芭教授怀着对成都的依依难舍之情回到俄罗斯。她时常回忆起在成都认识的刻苦好学的白师傅。再次来到成都,工作之余她最想见的,就是当年蹬三轮车的工人学生。

当年四十四岁、现年六十二岁的柳芭教授看到了蓉城的巨大变化,鳞次栉比的高楼耸入云霄,城市街道间宽阔的道路上,各类轿车穿梭不息。城市里虽还有三轮车载客,但那是电动摩托三轮车,不是从前靠双腿作动力的三轮车了。

柳芭非常希望能在讲学活动结束前见到白美鉴。算来白美鉴已经七十多岁,不可能还在蹬车。柳芭不断地自我发问:"当年班上年龄最大的学员,你在哪里,你在做什么呢?你现在还好吗?你还住在原来的金仙桥下街106

● 2012年12月,柳芭教授和二十年前的学生们成都聚会

[1] 据成都电视台送评中广协会"第三届节目资料制作奖"文稿改写。

号吗？"她又自己回答，"肯定不会再住那里了，在中国，几乎所有的人都在搬家，学员安德烈，你把家搬到哪里去了？"

柳芭来蓉期限只有短短六天，12月12日至18日。讲学交流一结束，她就得返回莫斯科。她不能错过这个寻找白美鉴的机会，也许，这是她有生之年和这位特殊弟子再次相见的唯一机会。她还有希望吗？

然而，茫茫人海中，怎么才能找到这位当年的优秀学生？柳芭很心焦，她决心求助于成都电视台，成都电视台也决定帮助柳芭教授完成心愿。这一任务交给了柳芭的老友刘勇。

偌大的城市，刘勇该从何处下手呢？他把目光锁定在电视台的音像资料馆。刘勇急匆匆步入电视台内部的媒体资料库，寻找当年的新闻报道，以提取准确必要的新闻要素。他在电脑前、磁带架上，仔细搜寻历史影像资料和原始文稿，再将找到的影像资料的截图通过官方微博发布，吁请市民提供线索。当天晚上，柳芭教授出现在电视新闻中，她用标准俄语向白美鉴发出召唤。她的表情略微有些焦急，嗓音亲切悦耳，荧屏下方打出中文字幕："亲爱的安德烈，我非常地想念你，我这次来成都，听说你搬了几次家，我找不到你，也没有你的任何消息，如果你在电视上看到我，请一定和我联系，我需要见到你。"

电视上，柳芭深情回忆："在我的学生中，白美鉴是最不寻常的一个。他并不以自己是三轮车夫就自卑，就放弃学习。他非常有教养，非常好学，我特别喜欢这样的人。就是最普通的人，也可以通过学习变成文化人。"

纸质媒体得知这个消息，也加入寻找的行列，各报刊把影像资料的截图刊登在报纸上。第二天，成都的报纸登出了"俄罗斯女教授寻找三轮车夫"的广告。一时间，寻找白美鉴的消息传遍成都大街小巷。

电视台新闻连续播报，官方微博不断转发，报纸在大街小巷传递。心诚则灵，功夫不负有心人，多年封存的资料显现了新的生命力。十八个小时之后传来了好消息，沙依诺夫的小女儿沙莉莉看见了电视播报，立即打电话告诉姐姐沙玛莉，沙玛莉马上通知了白美鉴。白美鉴的朋友见到了他的图像和照片，也立即告诉了他。白美鉴闻讯非常激动，第一时间拨通了电视台的热线电话。

● 十八年后在成都终于相逢的柳芭和白美鉴

2012年12月13日下午,这对分别了十八年的师生,终于在媒体的大力促成下重逢。六十二岁仍在教授俄语的柳芭,七十三岁还在学习俄语的白美鉴,五十二岁的俄语专业毕业生刘勇,经历了十八年人生风雨之后,他们再次相逢。

相会在咫尺,情谊恒久远。他们延续着异国友谊,记者再次用摄像机记录下感人至深的场景,为十八年前结下的跨国师生情,续写了新的篇章。

这是穿越了时空的重逢,这是善良人性的交融,这是人生感悟的释放,十八年的跨越架起了一段美丽的心桥,普通市民的交往,更积淀起不同国家民族间的淳朴情谊,谈笑之间,沧桑褪去,欢乐洋溢,见证的是中俄两国人民的深情厚谊,一段跨越国界和身份的友谊,一段突破时间和空间的感情,因缘和合。

12月17日晚,柳芭教授离蓉回国的前夜,成都"俄语爱好群"在城南一环路南田居,举办文化沙龙"俄苏歌曲主题聚会",白美鉴和儿子白云是特邀嘉宾,大家以俄罗斯老歌会友,放声高唱,欢聚一堂。人们翻开影集,欣赏各自保存的影像记录,叙述友情,诉说思念,品鉴逝去岁月的醇厚滋味。

● 我们的2012年——寻你千百度,今朝喜相逢

● 2012年,俄语群聚会,奏起欢乐的手风琴

托利亚独特的家史

2012年,柳芭教授访问成都期间,一再建议刘勇将数年前发现的沙依诺夫回忆手稿翻译出来。之后刘勇召集起"俄语群"启动了手稿翻译工程,其中,刘勇在西南师范大学俄语系的同学托利亚更是整个团队的中坚分子。

托利亚身材魁梧,白皮肤,碧眼珠,高鼻梁,怎么看也是个外国人。令人惊奇的是,托利亚一开口讲的是标准重庆话,掺杂个别成都方言。

托利亚是标准的俄罗斯美男子,适合站在舞台上,西装革履地引吭高歌。他的个头高出普通四川人半个头,体格也宽出普通四川人五分之一至四分之一。他的母亲是俄罗斯人,父亲是中国人,有一半俄罗斯血统。中文名字叫宋立新。

托利亚性格外向,开朗活泼,秉承着俄罗斯人豪放的特点,手风琴拉得极为投入,能瞬间调动情绪让人们载歌载舞。他也能创作油画,是那种描绘大自然风貌的俄罗斯风格的油画。更不用说参与俄译汉的翻译,那本来就是他学习的专业和工作的饭碗。

● 部分群成员合影,后排右一为托利亚

六十一岁的托利亚出生生活在重庆市，有一段奇特家庭传奇。

托利亚的父亲1917年5月生，1937年6月从北京一教会学校毕业，当年考入黄埔军校南京分校，毕业后参加抗战，期间大部分时间在云南从事后勤运输，1946年辗转到了甘肃兰州，在一个舞会上认识了托利亚的母亲。

外祖母一家的传奇经历是托利亚身世的神奇基础，因为这是他白皮肤碧眼睛高鼻梁的基因由来，也是人们感兴趣的地方。

1941年夏天，正是德国突袭苏联、第二次世界大战转折的危急关头。这一年，托利亚那本来在克麦罗沃州当矿工的外祖父应征入伍，不久，就在苏德交锋的前线牺牲了。外祖母带着两个孩子（其中一个即托利亚的母亲）改嫁给西伯利亚的一个华人，他是鞋匠，已经去世的原配妻子也是俄罗斯人，带着一个女儿。战争时期人口流动性大，当新疆的统治者盛世才号召中苏边境那边的华人都回国参加抗战时，外祖母将大儿子留给了亲戚代养，然后这一家人随同数百华人，便越过边境到了乌鲁木齐。两三年后，继外祖父因病逝世。

传奇故事从这里开始。外祖母带着年幼的孩子和第二任丈夫留下的女儿，艰难求生。这个中俄混血女孩，托利亚叫她姨妈，当时她刚成年，不久嫁给一个军人。谁能想到，这个军人是中国共产党在新疆盛世才部的情报人员，他曾经被投入苏联西伯利亚的"古拉格群岛"（苏联乃至世界上第一座集中营——索洛维茨集中营）等集中营，经一名苏共干部营救而出狱。

当盛世才公开反共，逮捕并杀害在新疆的中共党员时，1946年姨父突然消失了，临行前他给姨妈、儿子和外祖母留下五根金条。

外祖母带着两个女儿和外孙辗转到了兰州。母亲和父亲在舞会上认识并结婚，外祖母用这五根金条买了一个小院子将一家人安顿下来。很快姨妈带着儿子借口要去寻找姨父，离开了兰州。

后来才知道，根据著名中共特工、民主人士阎宝航的安排，姨父和姨妈带着儿子，先后秘密从新疆和兰州出走，到了重庆。随着战事发展，姨父根据组织安排到了东北，当上了东北中长铁路沈阳站的站长，迎接解放军进入东北，姨父在斗争中立了功。新中国成立初期，姨父曾在公安部担任编译处处长。这时姨父有了寻找亲人的条件，他很容易就找到了在乌鲁木齐的托利亚的外祖母和已经到重庆的托利亚父母。

1950年开始，重庆人民广播电台开始举办广播俄语教学，托利亚的母亲也应邀参加了教材录音和学生作业批改工作，后又应聘到位于重庆高滩岩的第七军医大学（1975年更名为第三军医大学）教俄语，托利亚1953年就出生在第七军医大学。1954年他的母亲调动到在重庆刚刚组建的西南师范学院外语系。

托利亚跟着父母在重庆长大，小时候辗转到过好些地方，先在兰州，又到新疆。在翻云覆雨的社会生活中，由于外貌的关系，他从小被人当成外国人，既发生过不少喜剧，也发生过很多悲剧。

成年之后的很多年里，托利亚致力于弄明白自己身世的来龙去脉，直到1980年代末，他才基本将众多亲戚朋友的情况理清楚。现在，他正在整理史料，打算写一本传奇的家谱。

沙黛玉

沙依诺夫的小女儿名叫沙莉莉，清真寺阿訇为她取了穆斯林名字"法图默"。沙莉莉还有个绰号是同学们取的，叫"沙黛玉"。黛玉者，首先是美丽，其次是体弱。这个女儿从小就经常生病，让父母特别操心。

沙莉莉出生于1937年8月，从相貌上看很像父亲。她从小体弱多病因此身材瘦削，如古人形容的"柳腰盈握"。皮肤白皙，鼻梁高挺，清瘦的脸庞棱角清楚，凸眉凹眼，一对灰色大眼珠亮晶晶的顾盼生辉。高眉棱遮盖之下，眼窝处有些阴影，天生几分忧郁。后来结婚，丈夫姓贾，女同学们戏称"贾哥哥"，使"沙黛玉"这个绰号更加贴切。

沙依诺夫在成都七中教书，沙莉莉也在七中念初中。沙莉莉能歌善舞，被选为班上的文体委员。她学过一学期俄语，可惜不是父亲教她。有次父亲批评她学习俄语进步太慢，她回嘴说："你还学不好中文呢！"把父亲噎得一愣。

从七中毕业，沙莉莉听父亲的话，积极响应党和政府号召，参加"扫盲干部训练班"。当时正准备在少数民族地区进行民主改革，中央高度重视，定向培养干部，她被抽调到西南民族学院的"农业会计辅导员班"，分配到"藏文专修科"，学的是甘孜地区的藏语称为"德格音"。这是为支援少数民族地区特地举办的学习班。民族学院生活待遇好，一切免费，还发给补贴、服装，生病住院享受双重伙食费。这一时期接受的观念影响了沙莉莉一生，她始终喜欢穿制服和工作服。

1957年政治形势趋于"极左"，沙依诺夫深怕自己的历史影响到孩子们，尤其是正在民族学院上学的小女儿。沙依诺夫挂念孩子，但不敢前去探望孩子。父亲的慈爱体现在智慧中，沙依诺夫每次到民院去，都不直接去见女儿，而是在校内踱步，寻找有关孩子的蛛丝马迹，发现孩子一切正常，便悄悄地离去。有一次，沙依诺夫送了一件女儿最喜欢的苹果绿衣服到学校，没有与女儿见面，托同学转交。沙莉莉生病住院了，肾盂肾炎。四川医学院距七中不远，骑自行车一会儿就到。但医院探视时间有规定，下午才能会客，每次只能进去两个人。父亲来到医院，在楼下徘徊，看见张挂着的分配病床的名单上有女儿的名字，知道孩子是安全的，就悄悄地走了。到了女儿毕业即将赴藏区工作，举行典礼时，同学告诉沙莉莉："你爸爸来了，来送你，他站在边边上，刚刚已经走了。"

从西南民院毕业，沙莉莉被分配到"跑马溜溜的城"——康定县。在城关区雅拉乡从事培养藏族会计师的工作。有个别女同学觉得苦寒难耐，相约逃跑回成都，约她一起逃跑，被她拒绝。她从小受父亲教导，必须忠于职守，再苦再难也咬牙坚持，哪里能当逃兵啊。

沙莉莉听父亲讲过一个关于做人要讲诚信的故事，一个流传很广有点极端的苏联故事，她将这个故事讲给弟弟们听：苏联时代，一群小孩在公园里捉迷藏，领头的大孩子告诉小孩们：你们都待在指定位置上，不得命令不准离开。有个孩子被同伴遗忘了，他一直站到天黑，公园关门，没人命令他离开，他站在那里哭。最后公园管理员请来一位军人，命令他：稍息！向后转！你现在回家去！他才擦干眼泪走了。

这个故事把认真工作不能随便离岗的道理讲得很透彻。在当时受这个故事影响的，可远远不止沙莉莉一家人，在中国，有整整一代人是听着这个故事、遵照这类原则做人的，有些家庭还延续到第二代第三代，比如沙依诺夫一家。什么叫忠诚和信念，什么叫诚信和责任，什么叫敬业和尽职，当然也

● 沙依诺夫最喜欢的一张小女儿照片

包括什么叫盲从，甚至还包括什么叫愚弄，都被这个故事体现得淋漓尽致。"文革"中沙莉莉在成都，武斗激烈，办公室窗外子弹"嗖嗖"地飞，她坚持工作，没有离开。

在苦寒的藏区，她想念成都的家，想念院子里的果树，苹果、柑橘、花红。有一年花红果实大丰收，一嘟噜一嘟噜挂在枝条上，人人垂涎。有天晚上，有人摸进院子里，偷摘了一大袋扛走了。这些，都是亲切的、永难忘却的记忆。

体质纤弱的女儿去到那么荒僻的地区，父亲非常担心。父亲不写信，是因为不会中文。母亲蓝笑梅写信，但是尽写些革命啊，好好工作啊，努力争取啊等。因为当时母亲正在争取入党。

到康定一段时间后，艰苦生活锻炼下她身体好起来，长胖了。特地照张半身相寄给老爹，照片上，沙莉莉的脸蛋圆乎乎的。这是老爹最喜欢的一张照片，因为心爱的女儿长胖了。父亲去照相馆将照片放大，多洗了几张，将其中一张裹在画报里寄给女儿。很遗憾，寄丢了，沙莉莉没有收到放大的照片。

当时的女孩都很纯洁，也很革命，一心扑在工作上，从来不去想什么是爱情（俄罗斯民歌、四川民歌都有那么多美丽的爱情歌曲啊）。

当女同学们一个个都嫁给当地干部时，沙莉莉被组织找去谈话，要求她和时任康定县委第一书记的贾书记结婚。贾书记是离了婚的，有孩子。那时候哪有什么爱情不爱情，她只记得当时自己非常害怕，非常害羞，也非常明白"不能违抗命令"。其实追求她的年轻人不少，有同学，有干部，还有医生。但她服从安排，和贾书记结婚了。1960年7月，儿子出生。

沙莉莉结婚前后，我国正和"苏修"逐渐交恶，政治形势越来越高压。沙莉莉相貌太洋气引人注目，加上父亲的身世，不可避免的，她被指斥为"苏修美女情报人员"，丈夫的职务逐渐边缘化，被调任甘孜州公安处处长。1964年调到西昌，沙莉莉随丈夫调动，到西昌财贸学校搞培训，又到西昌专署建设银行工作。1965年"文革"前夕回到成都，全家都挤在一个招待所里待着。

"文革"期间，沙莉莉的丈夫被抄家。牵扯到沙依诺夫，川棉厂派出外调人员到山西太原调查沙依诺夫，打算给老人安一个"苏修特务"的帽子。

幸好沙依诺夫做了预防处理，与女儿已经八年未通音信，沙莉莉家早已烧掉老爹全部照片和家信，片纸不留。何况沙老已经退休，待在太原郊外一个小地方，天天带孙子，半点不张扬，互相不影响。外调人员没有找出问题，又一次体现了沙依诺夫的生存智慧。

这之后沙莉莉调到四川第一棉纺织厂搞财务工作。她先后从事过农业会计、行政会计，后又被调去税务局培训商业会计，在业内是多面手。

沙莉莉1992年8月从棉纺厂退休，退休金七百元（到2014年逐渐增加到二千二百元）。同年丈夫因心脏病去世。2013年，儿子也因心脏病不幸夭折。

当儿子确诊为不治之症时，老人内心极度痛苦，几乎支持不下去，快要崩溃。为了寻求精神力量，她在一块硬纸板上写了十二个字，摆在客厅正中老爹遗像下透明的玻璃柜里，经常看看，从中汲取精神源泉：

要坚强，要挺住，老爹给我力量　2013.10.6.

现在，年至耄耋的沙莉莉独居在成都一个小区里，她珍藏着老爹留下的唯一一块大头银圆，这是一个医疗用具，母亲叮嘱专门给她刮背强身用的。

● 沙莉莉家中的精神支柱

头发花白但一根一根的白发都挺有质感，梳得整整齐齐。依然瘦削，棱角分明的脸上，一双灰眼珠亮晶晶的，眼窝间一抹淡淡的阴影，眉宇间一丝若有若无的忧伤。

孤独的凝视

中国诗人冯至曾写道："我的寂寞是一条长蛇，静静地没有言语。"沙依诺夫的嫡孙子沙飞，经常被这条寂寞的长蛇啃咬。

沙依诺夫的大儿子沙惠德（穆斯林名字叫"阿利"）育有两个儿子，小儿子就是沙飞，生于1977年。

沙飞因两大特点而难以融入人群。其一是血统。人种学研究者们分析说，沙飞具有典型的俄罗斯民族特征，明显区别于家族其他成员（他的血统中很可能存在着隔代遗传基因）。祖父沙依诺夫虽为白种人，但不是俄罗斯

● 沙依诺夫与小孙子沙飞（左一）、大孙子在筒车巷9号院内

族，而是俄国的鞑靼人。鞑靼人属于亚洲人种，肤色偏黑。鞑靼人的人数很多，系俄国少数民族中的大族，类似于中国的壮族或苗族。研究者们认为，沙依诺夫的祖上肯定有人是俄罗斯族血统，不然无法解释为何后裔中有如此典型的俄罗斯种族特征。

沙飞有着典型的俄罗斯民族的特征，白皮肤，高鼻梁，深陷在眉棱下的褐色眼珠，壮硕宽厚的体型，从小胖乎乎地挺着个啤酒肚。他说，自己小时候并没有觉得和周围的小朋友们有什么差异，但邻居和同学们都叫他"洋娃娃"。长大后逐渐感觉到自己异样。他经常被陌生人当作外国人，对方以为他开口会说出一串外语，但他讲的是标准汉语普通话。

总被人当作异类，就像在人际关系中设立了一道隔离墙，沙飞感到了孤独。

其二，沙飞有一个坚硬的精神外壳，将他极为丰富和敏感的内心世界包裹起来——他会随时对生活中碰到的人，用某种原则进行评判。用爷爷教育他、而他自己也较为严格地遵守着的高尚道德观，去评价和要求他所碰到的人。

爷爷坚守道德诚信与人格操守，随时随地对后代进行着"诚实、努力、勤劳、节俭"的道德教育。爷爷的信条就是沙飞的座右铭。爷爷用以教育他的信条，既是俄罗斯民族的优良传统，也是中华民族的优良传统。实际上就是中国历朝历代儒家圣贤灌输给子孙，一辈接一辈传承了两千多年的做人原则，全世界相通。

标准中国知识分子家庭的后代，都具备对人加以评判的特征，所谓"孟母三迁"、"近朱者赤近墨者黑"、"入芝兰之室久而不觉其香，入鲍鱼之肆久而不觉其臭"等谚语和故事，表达的都是"择人而交"的评判原则。

人种的特点，精神的特点，使沙飞在生活中难免遇上麻烦。

或许沙飞还有第三个特点，即他所受的高等教育。从西北政法学院毕业，学科特点使他通晓法律，思辨敏捷，善于阐明道理。但他从事的却是蓝领工作。

他的工作岗位处于环城路节点上，待在环城公路的站点里，对设施运行和人流状况实施监控管理。周围车水马龙川流不息，他却只有他自己。一方面责任重大，另一方面简单重复，与他的天资，与他所受教育落差很大。

每天上夜班，从晚18点至次日晨9点。每当傍晚，人们日入而息，休闲而后熟睡，他却开始聚精会神地工作；每当清晨，人们日出而作，熙来攘往，他却要沉沉入睡了。等他醒来，找不到朋友，没有娱乐，也没有休闲。

唯一的爱好是看书。看书需要交流，身边却无一人和他之看书相类似，也无一人可供交流。有时他也碰到读书人，略一交谈，立即在心里做出判断："我和你们不在同一个社会阶层，我们似乎存在着沟通障碍。"

他孤独。本来个性就孤独，工作性质使他更加孤独。沙飞说："我没有朋友圈子，我只有我自己，我就是一个人。"想了想补充说，"我爷爷也不善交际，他也是一个人，就是个干活的。"再想想，说，"我也是这样，跟爷爷一样。"

沙飞的表达也许有些极端，但他的感受非常真实。沙飞的褐色眼珠镶嵌在深深的眼窝中，使他与人相对时，总像是在凝视，焦点很准，显出几分深邃，几分锐利，透露出目光背后的思索。

具有如此坚定的生存原则，他似乎更适合站在讲台上，或法庭上。

沙飞的理想世界与他的现实存在，有着很大的差距，也使他与周围的人们产生距离——客观的距离加上主观的距离。工资不算很少，少的是精神营养。他与很多现代青年相似，都陷入了精神的困惑。

沙飞个人品质非常好，他身上传承着两个伟大民族优秀品质的共同特点。应该说，两个伟大民族共同拥有的精神财富，应该被中国人所共同珍惜。但是，当今社会，沙飞固执其中的那些优质的精神特点，使他不易融入人群。

我们的社会，不能总是让讲诚信有操守的人被排斥，不能总是让这样的人的空间遭到挤压。我们不能总在窒息将来有可能拯救我们自己的力量。

沙飞心里有阳光，主要的光源来自祖父沙依诺夫，沙飞曾多次到爷爷的墓地去祈求爷爷赐予他力量。喧嚣、自私、冷漠的现实给他造成的诸多困惑与伤痛，或许可以从爷爷那里得到精神的抚慰。

我们相信，只要心中阳光普照，他所触碰的万物就会生长，他应该努力将生命的阳光照射进生活的每一个角落。老话说：东方不亮西方亮，黑了南方有北方。老天是公平的，会赐予孤独的人以幸福。

沙飞抓住了幸福，他正准备结婚。谈起女朋友，沙飞的面颊上荡漾开一圈又一圈微笑，是那种很真诚、温情、带点羞涩的笑，极为动人。

街道干部高德文

成都西南郊有个簇桥乡，1955年，簇桥乡的一个普通农民家中喜添男丁，孩子呱呱坠地，父母给他取名高德文。

高德文自小性格沉静、聪明而勤勉。1973年高中毕业后在家务农，一步一个脚印，再加一串汗珠。乡亲们推举他当了农业技术员，专管沼气池建设。

那时沼气池可是新生事物，很吸引眼球。简单说就是变废为宝，将人畜粪便排到密封的钢筋水泥窖中，发酵后产生可燃气体，再通过输气管道直达厨房，点燃后，可以用来做饭烧水煮猪食，还可以点汽灯照明。

人们都看出来这个项目前景光明，但是具体实施的道路却极其曲折。广大农村中，许多农民辛辛苦苦修好了沼气池，因为技术和设备不配套，也有漏气的，也有气体浓度不够的，还发生过多次点火时人们被猛然蹿起的火苗燎伤的事故。

机敏能干而且稳重的高德文，却把他管辖范围内的沼气池建设搞得风生水起，普遍成功。

1980年，时任国务院副总理的邓小平以农村改革为切入点策划改革开放，邓小平来到成都近郊农村，接见优秀的沼气技术员高德文，一边亲切握手，一边随意询问："你们这个（指沼气使用设备）的火力，可不可以用来爆炒腰花呀？"炒腰花需要猛火，高德文连连点头，回答："可以的，可以爆炒腰花！"2014年9月15日，中央一台热播电视剧《历史转折中的邓小平》第45集，编演了有关"爆炒腰花"这一内容。

1984年，高德文被选拔进入成都市党校理论班学习。当时，从西南师大外语系毕业的刘勇，成为他们班的俄语老师。老师比学生小五岁，他们很合得来，成了好朋友。市党校毕业后，高德文担任过成都市簇桥乡党委副书记、成都市金牛区党校教员、成都市高新区芳草街道党委副书记，再调到肖家河街道任党委副书记，分管纪检等工作。

高德文待人接物态度十分低调、温和而严谨。在完成街道工作繁杂任务之余，还喜欢收集整理文史资料，他主持编撰出版了《肖家河街道志》，计约六十万字，内容准确翔实，重点要点清楚，质量上乘，印刷上档次，装帧精美，大受好评。是不多见的由街道自己编写出版的志书。

这一切之外，高德文热爱俄语，是"群"里的中坚人物，相当于后勤部长，许多事务都由他负责打理。

俄罗斯笔友

沙依诺夫生前为提高俄语学习质量，为他的学生们介绍了许多苏联的俄罗斯朋友通信。相当一部分男同学与苏联的女学生成为笔友。书信往来练习和加强了俄语读写能力。据成都七中59级高中学生银昌明回忆，他们班上先后有十来位同学与苏联笔友通过信。在孩子们心中，学生时代与远隔千山万水不能见面的外国朋友通信，是一件多么神秘、多么快乐、多么期待的事情，对开拓心胸、扩展视野、激发学习兴趣，是多么有益！

银昌明本人，在沙依诺夫引导之下，与圣彼得堡第十中学一位名叫"丽达"的女同学结为笔友，通信长达三年，他至今还保留着丽达的一张照片，但遗憾的是很多来信，因那个年代一些特殊原因而被迫销毁。

到了2013年10月，银昌明参加"赴俄罗斯万里寻亲团"，到俄罗斯圣彼得堡找过这位丽达。白美鉴也委托寻亲团赴圣彼得堡寻找当年他的苏联笔友，一位女同学名叫瓦丽娅。目前尚未找到……

● 俄语群成员银昌明，美好的友谊永存心间

• 银昌明留存的笔友丽达唯一一张照片

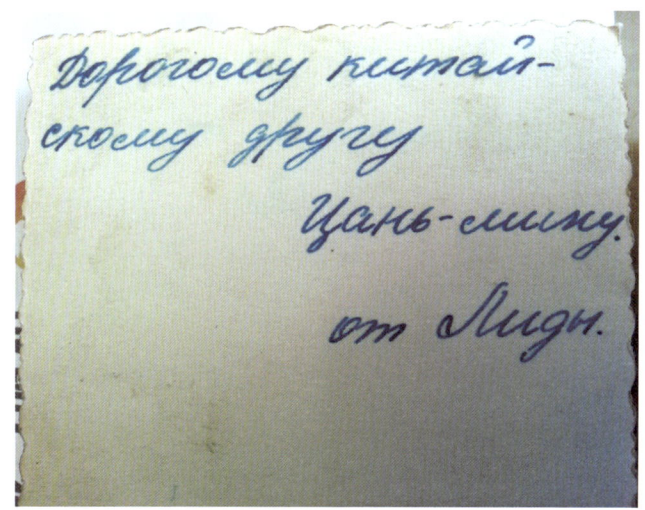

• 送给亲爱的中国朋友昌明——丽达

行文至此，有关成都"俄语群"的陈年往事和正在进行时，就暂时告一段落。数不尽的因缘际会、相逢恨晚、无巧不成书恕编者在此不一一道来。不过须特别说明的一点，这个群说是"俄语群"并非名副其实，准确地说，在它成立之前，这个群就已经存在；成立它，只是为了让一个群体的存在有一个由头，真正维系它、壮大它、坚固它的，应该是一个"爱"字。

这个"爱"是俄国人沙依诺夫一生信奉、践行的初心，是沙家子孙代代相承的家风品德，是中国与俄罗斯民族精神的核心，更是人性的根源与归宿。因此，请您不要介意我们的故事写得有点"又臭又长"，请您理解我们想要记录并感恩每一个平凡人的每一条不平凡的人生之路的那份激动的心情。在这条路上，我们有幸相逢、携手并行一程，现在分享给正在阅读这个故事的您，愿您也将是这份"爱"的有缘人。

● 2016年春节,俄语群成员在四川省科技馆留影

注:成都的"俄语爱好者群"目前有数十人:白美鉴、刘勇、刘芳、高德文、王晋蓉、周伯征、陈美琴、托利亚、罗德琼、李芬、薛华、李波、吕笙玉、梁恩倩、张蓓、易红、杨鑫、蒋凤英、王谦、李志强、吴丹青、李丹、林强等。还有在俄罗斯的柳芭、巴维尔、瓦洛佳、钟雪茹、铁木尔、赵洪霞,以及在香港卫视的奥丽娅等等。

第二章
泛黄的百年手稿

一、手稿诞生记

"百年传奇"浮出水面

让我们的叙述回到1994年。

这一天,刘勇、柳芭和巴维尔三人造访白美鉴的家,他们得到了一个意外的极大的惊喜——在沙玛莉那里发现了三个笔记本,其中留有沙依诺夫字迹的篇页共一百九十八页,全部为俄文。

这一天,热情的白美鉴提到附近曾经生活着一个"沙洋人",沙洋人的大女儿沙玛莉有一半俄国血统,正好请她来陪陪尊贵的俄罗斯客人。两家相距不远,白美鉴骑自行车去请,一会儿沙玛莉就来了。

沙玛莉见到两位俄国客人,得知他们是四川大学的外聘教授,便提起父亲留有俄文手稿,这部手稿的内容还无人知晓。寒暄几句之后,沙玛莉转身回家,取来她保管多年的三本厚厚的、发黄的笔记本,用四川普通话夹一点俄语的口语,向柳芭郑重介绍:"这是我父亲沙依诺夫写的手稿。"

手稿的部分段落字迹模糊,不易读懂。但柳芭和刘勇初一浏览,还是大体弄明白了内容:这是沙依诺夫老年生活中写下的回忆录,沙依诺夫从他三岁丧父写起,叙述一个俄国青年如何求学,如何参与两次世界大战,怎样辗转异国他乡,来到中国艰苦谋生,和中国姑娘组建家庭生儿育女,最后定居成都。一生记录,堪称"百年传奇"。

沙玛莉保存的这三本笔记本,第一本写有一百一十二页,第二本从一百一十三页到一百六十九页,第三本从一百七十页到一百九十八页。

关于这部手稿的起因,沙玛莉微笑着说:父亲想给一些学习俄语的朋友提供点资料,到八十多岁时开始撰写回忆录,一共就写了这里的将近两百页。

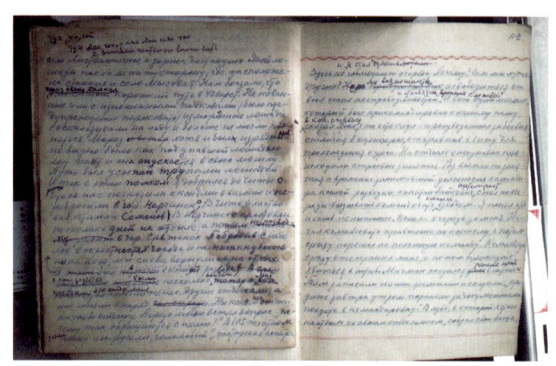

● 1994年，沙玛莉将父亲回忆录手稿交给柳芭教授

对于自己不会说俄语，沙玛莉多少有些尴尬，难以启齿，她害羞地说："我们都读不懂俄语了，父亲健在时还能听说一点，俄文手稿就完全看不懂了。我们年轻时工作忙，俄语没系统学过，希望两位教授帮忙，看这里面都记了些什么？"

柳芭夫妇虽然不懂汉语，但在成都教俄语一年多，也能大概听明白。他们翻阅了前面几页手稿，产生了极大兴趣，也对眼前这位"俄二代"产生了极大的好奇，并且按捺不住地想要立即阅读手稿全文。

沙玛莉将这三本手稿给了柳芭，请她帮忙翻译。柳芭复印了两套，其中一套给了刘勇。

此后，夫妇俩一连数日沉浸在手稿所描绘的世界中。他们朗读手稿中的精彩片段，在穿越时空的兴奋时刻，迫不及待地把刘勇请到川大外教楼，用最通俗的现代俄语，向刘勇转述了沙老笔记中所描写的一段又一段精彩内容，那是涉及中国，涉及四川和成都的个人回忆……

柳芭对刘勇说，沙依诺夫是沙俄时代正规的师范大学毕业生，文笔很好，记述很流畅。但是他的俄语用词和表达习惯与现代俄语有区别。柳芭夫妇将要返回俄罗斯，她将一页纸送给刘勇，那是她自己撰写的《沙依诺夫回忆录（手稿）简介》，用俄文印刷体打印的。

刘勇虽然是俄语专业毕业，但要立即看懂这部手稿还真有难度。他答应柳芭，自己一定慢慢地细读。

● 柳芭教授谆谆嘱托，将手稿汉译的任务交给刘勇

柳芭夫妇回俄国去了。刘勇和沙依诺夫的子女以及相关的一群人，开始为翻译手稿奔波忙碌，他们要探寻这斑驳泛黄的笔记本里记录的不为人知的故事。

手稿前五十六页遗失

出乎意料，这部"百年传奇记录"是残缺的。

第一个笔记本中，只有从五十七页至一百一十二页的部分。也就是说，第一个笔记本的第一页至第五十六页缺失。

从已翻译过来的内容看，手稿中对俄罗斯家乡没有留下详细准确的信息，只是大致知道沙依诺夫出生成长在乌拉尔附近。大家猜测，缺失的前五十六页内容中，应该是沙依诺夫自叙幼年生活，以及对自己俄罗斯家乡景物的关键记叙、回忆和介绍。其中或许隐藏着沙依诺夫的身世之谜，比如他的祖上是否曾与白俄人种联姻，由此可以解开他的后代为何具有如此明显的白俄（而非鞑靼人）特征。

● 20世纪西北中学的俄语老师兰仲杰（回族，一排居中）原住三道街64号，与成都俄罗斯歌曲合唱团一歌友讲过关于沙老手稿的事

这五十六页记录到哪里去了呢？

沙玛莉回忆，父亲手稿完成后，试图找人翻译为中文，曾经给好几个人看过。印象中有一个叫兰×祥的，是父亲的学生，记得他曾将部分手稿带回家去，很可能没有归还。

这位兰先生比沙玛莉的岁数还大，已经去世八九年了。手稿有可能丢了，也有可能仍然保存在他家里。如果这些稿纸还在，他的家人也不会知道这些纸张的珍贵价值，但愿他们继续保存着。

沙玛莉已年近八旬，刘勇和白美鉴陪着她，四处寻找遗失的手稿前五十六页。2012年12月31日，沙玛莉带着部分回忆录手稿和老照片，在刘勇带领下找到电视台和报刊的编辑部，表达诉求："我的希望是，借助媒体帮忙找到遗失的手稿，也希望媒体能够帮助我找人翻译，如果有可能，通过中俄两国的媒体帮助，找到我们家在俄罗斯的亲人。这是我的新年愿望。"

团队合作,翻译手稿

这部手稿从俄文翻译成中文,是集体努力的结果。

翻译手稿很艰难——它是手迹而不是印刷体,字迹小而行距密,时有修改补充"文字填房",个别地方还有因污渍等造成的缺失;它不完全是当代俄语,而是含有沙俄时代旧语汇老词义的俄语。

沙依诺夫的后代无法翻译父亲的回忆录。姐弟四人生在中国,长在成都,他们能听懂部分俄语,但是都不能阅读和书写俄文。

刘勇懂俄语,但是电视台工作繁重,没有更多的时间和精力由他一个人来译出这部手稿。

这部神秘手稿必须翻译出来。柳芭教授离开成都前,对刘勇一再叮嘱:这部手稿,是了解历史、促进中俄交流的重要文件,你一定要完成翻译。

柳芭教授将手稿内容进行概括提炼,写了两个有所差异的小段提要,共两页半纸张。刘勇和西南师范学院的同学托利亚各翻译了一页多纸,让人知道了手稿的主要内容,大家心里有底了。

真正调动起情绪来的,是刘勇在手稿中发现了鲍罗廷、刘湘、邓锡侯、杨森等中国现代史上著名人物的名字。这一串名字将无足轻重的小人物沙依诺夫,安置到波澜壮阔的历史大潮之中,使他手迹的意义得以提升。沙依诺

● 翻译困惑与灵光

夫曾是刘湘手下川军中的机动车少校机械师,是抗战将士。沙依诺夫为刘湘和邓锡侯的川军部队培养了一大批汽车、装甲车驾驶员,他亲手修理过几十辆重型战车,还在汉口挽救了两辆汽车免遭盗卖和落入日军之手。

早期的翻译工作是在1995年7月,当时希望将沙依诺夫故事做成电视系列节目。成都电视台还专程赴俄罗斯,以此手稿为依据,郑重地与莫斯科州电视台签署协议。可惜莫斯科方面后来没有积极回应而作罢。

时间流淌到了2012年底,柳芭教授再次访问成都,一再向刘勇建议将沙老手稿译出,柳芭教授刚回俄罗斯,刘勇就又翻译了一些片段并做了注释,并将手稿发给俄语圈的朋友们传看。之后召集了一群懂俄文的亲朋好友帮忙翻译。

参与的人越来越多,以刘勇为核心,刘勇的俄罗斯族同学托利亚(中文名字宋立新)为主,"俄语群"的中坚分子、电子科大的俄语老师刘芳,肖家河街道干部高德文,四川省展览馆副馆长王晋蓉,四川师范大学教授周伯征,原西南财大教师李芬,苏俄民歌合唱团的李永勤,成都一俄语培训学校负责人吴丹青、吴小冬,几位四川大学外语学院的学生,还包括香港卫视主持人俄罗斯姑娘奥丽娅即虹韵,滚雪球一样逐渐形成了一个翻译团队。

先是分发章节各自译,果然遇到不少难题。王晋蓉"灵光一闪"提议由她听写中文录入,加快翻译速度,发现有不通顺或不连贯处,就提出来让大家讨论,对词语用法、背景情况逐一分析斟酌研究,再作修改调整。

断断续续半年多,当他们打算在2013年秋天组团再赴俄罗斯时,该项工作进行速度就加快了。到2013年夏秋之交,全部现有手稿一百五十八页中,已经翻译完成了将近三十页。这就为他们再赴俄罗斯做好了前期工作。

同时将手稿全部翻拍成照片,一张张发给在俄罗斯的瓦洛佳,瓦洛佳通读了手稿,全部录入成为电子文档,对部分地名人名作出注释,还调整了眉批和旁注。

为了给沙依诺夫及家人圆他未竟的寻亲之梦,一个由沙老亲友学生组合的"寻亲团"于2013年10月再赴俄罗斯。与瓦洛佳、柳芭等老朋友见面,悉心请教,向他们询问翻译中存在的各种问题,还得到了俄罗斯朋友对手稿的最新解读和评价。他们也称此次赴俄旅行为"手稿解密之旅"。

从俄罗斯回来,已经到了2013年底,翻译工作更加紧锣密鼓。朋友们集中在一起,多时七八人,少时三四人,以团队合作的方式进行。集体工作的

● 俄语群青城山译稿团队部分成员：
李芬、托利亚、刘芳、高德文、王晋蓉

● 专心校对的托利亚

地点，主要在成都童子街刘勇的名为"城无处"的工作室，或者去到青城外山两河口吊脚楼农家乐，有时也在王晋蓉位于青城山下或高德文位于华阳的家里。

到了最后一天，还剩下三十四页，加把劲就能全部完成翻译，大家决心鼓足干劲。在"城无处"从上午10时一直工作至夜里22时30分，整整十二个半小时，终于全部翻译完成。虽然累得够呛，大家充满胜利的喜悦，心情也终于放松。

谁知乐极生悲，电脑出了毛病，中文录入未能全部保存，其中相当部分竟然丢失了！刘勇和王晋蓉再去青城山翻译了两天，把丢失的绝大部分重译补充出来。其实，补译重译已不止这一次，而且往往是沙老故事讲到最精彩、最引人入胜之处。为了找回丢失的中文稿，王晋蓉诚惶诚恐地请到了搞计算机安全维护的儿子和丈夫亲自出马，结果还是没能找回。重译时，大家也不无乐得地说：这是沙老"显灵"在有意强化我们的俄语，读懂故事的深意！

最后的统稿与校对交给托利亚，于2014年6月基本完成。

翻译中的难点和疑点

应该说，有了托利亚的加入，沙依诺夫手稿翻译才得以修成正果。

托利亚介入翻译比较晚。最早他翻译了柳芭写的一页简介，又看了刘勇翻译的一些片段，发生了兴趣。个人身世也带有传奇色彩的托利亚，对沙依诺夫的百年手稿具有天然的亲切感，容易接受也容易进入。虽然关于军兵种及军衔职务等单词很费周折，但他兴趣浓郁，充满探索精神，坚持翻译校对，直至全部完成。

翻译工作以托利亚为中心。工作中以他的口述为中心，要是他停顿了，一切都得停顿；场景中也以他为中心，因为他个头最高，十分抢眼，嘴里又念念有词，像一个王子对公众发号司令。

他面对着电脑屏幕，一边看着屏幕显示的俄文手稿字迹，一边转换思维将其变成四川话进行口述。离他一米多远坐着王晋蓉，她面对另一台电脑屏幕，将托利亚口述的内容用汉字现场录入。其他人围绕托利亚的口述内容，对单词、词语用法和历史背景是否准确，进行斟酌讨论。

托利亚说，之所以采取一人口述、另一人录入的方式合作，是因为手稿的字小，而且有不少污损涂改和字迹褪色的地方。加上自己打字太慢，会将翻译进度拖得很慢。而翻译这部手稿的难点在于：

第一，沙老手稿里许多与中国相关的俄文名词，是用的中文注音。人名、地名、老旧职务名称，是很难译的。虽然有些一看就知道，但有的反复看也不明白，比如绥靖公署、长江三峡沿岸的一些小地名等，需要查字典，查历史书，有的需要连猜带想。长江流域沿岸地名中，有些沙依诺夫注有英文，但也不尽准确。尤其像"第七战区司令部司令长官"这个词，沙依诺夫俄文拼音的语序是颠倒的，要反复猜想他要表达的到底是什么意思。查来查去，最终才明白了，原来是"第七战区长官司令的司令部"。还有"战车大队"，也是折腾好久才最终确定。

第二，年代跨度长，一百年，有些旧俄时期的语汇现在已经不用了，第一次世界大战中的部分军事用语跟当代俄语用法有着很大的区别。苏联经过十月革命，经过社会主义集体农庄、工业化，再经过苏联解体，语言词汇发生了非常大的变化。沙依诺夫手稿中涉及很多军阶、军衔、官阶、职务、军种兵种；中国军队在抗战前后的战区及军衔等，这些词汇在当代俄语口语中，早已不是当年的意思。还有苏俄军事代表团成员姓名如"阿联将军"，刘湘与刘文辉在成都附近"混战"的"雅雀口"是否音准？

再加上手写体有时免不了出现笔误，或者沙依诺夫年龄大了记忆有误，以致到现在也不能确定文稿中同一个人的职务到底是"准尉、少尉还是中尉"。

经过反复查阅、思考、比较，依靠集体智慧解决问题。比如"穆克敦"这个词，最后才确定是指沈阳城，这个语音是俄国人根据满语或蒙语对"沈阳"的表述综合而成的城市名。如果不反复核对，谁能知道啊！

二、众人谈手稿

他是一个将来时的人

沙依诺夫用旧式俄文书写的厚厚一叠稿纸，记载了近百年的复杂经历，讲述了波澜起伏的一生，不但呈现出命运的复杂、残酷和无奈，也展现了善良人性中丰富的内涵。一百九十八页手稿犹似一部长篇传记，划出一道悲怆而优美的命运曲线。

他这一生命运严酷，但他的一生是值得赞赏的，他诚恳、勤奋，所以在中国人们才记得他。不知道俄罗斯还有人记得他不，不知道他在俄罗斯的亲人还有没有记得他的。

1994年初，我初次接触沙依诺夫的手稿，只是后面一部分，我知道共有三部分。当时我和丈夫每天晚上都朗读他的手稿，印象非常深刻。这不是一般的日记，毫不夸张地说，是一篇文学作品，俄语非常非常棒。

沙依诺夫翔实地记录了俄罗斯内战

在俄罗斯文学里有不少写俄罗斯内战时期的作品，沙依诺夫从头至尾、如实地、详细地描述了俄罗斯人民承受的非常恐怖的内战经历。在苏联解体之前，包括俄罗斯，都没有人对那段经历做过那样详细的描述。那个阶段的确是俄罗斯非常恐怖的时期,一般人仅仅认为内战时期只是让人难熬,不知道实际上那么惨烈。

俄国在20世纪初的内战,是俄罗斯历史上一个重要的阶段,几乎每个俄国家庭都经历了这场悲剧。沙依诺夫一家也不例外。他的经历跟布尔加科夫的作品《逃跑》很像,布尔加科夫的作品写的就是那一阶段,很多人逃出俄罗斯。如果沙依诺夫的文字能用俄语发表的话,将再次证明那个阶段的情形。

一个普普通通的小人物,在俄罗斯内战时就是一名教师,既不是职业军人,又不是革命党人。他不愿打仗更不想杀人,只想静静地在自己的家乡过平常的日子,终身从事教育。但是命运不让他实现愿望,由此更加彰显出他回忆录的价值所在。当然,现在看来他也不寻常,是一个具有高度文化素养的知识分子。如果我没有记错的话,他懂三国至四国语言,去过欧洲,具有广阔的看世界的眼光。

他所写的回忆录中,没有提到任何大人物,比如部队的领军人物或有名的共产党人等,他讲述的是一个普通人的经历。十分寻常的,一个有文化的年轻人,成为历史转折时期的一个悲剧性人物,也许这正是回忆录价值所在。

从一页页手稿之中我们看到了一位正直、勤劳、聪慧的普通人,他没有忘记自己的祖国和家乡,他热爱让自己新生的国度和城市。可以毫不夸张地说,作者是一位极有文化素养的作家,回忆录使用的是纯正的俄语文学语言。

我非常希望能看到这个回忆录的印刷本,这对中国、对俄罗斯都很重要。

沙依诺夫是21世纪的理想型人物

有一个科学术语"活在多种文化边缘的人"。

边缘是界限的意思,可以理解为,这个人把两种不同的文化都掌握了。我相信,沙依诺夫既成为了中国人,又保留了俄罗斯的很多东西;他既拥有中国文化,又拥有俄罗斯文化。如果他不懂中国文化,不可能在中国任教,不可能作为中国正规学校教师中的一员,教中国学生。

他是生存在两种文化边缘的人,成为现在21世纪的理想型人物——他反对战争,热爱和平,他性格刚强,愿意学习,能够接受不同的文化。他爱自己的家,爱他周围的人们。因为心中有爱,所以他在异国他乡能够生活得好,能够长寿。

当年俄罗斯文化和中国文化相差很远，不像现在这么接近，比如现在穿的衣服、用的手机都差不多，看一样的电视、书籍、电影等。在当时，俄罗斯和中国几乎像是两个星球。而他居然能既是中国人又是俄罗斯人。

可以肯定的是，他当时根本不懂中文，我认为他之前懂一点其他国家的语言，但是他愿意接触汉语，当然他以前所知的外语不同于汉语，学起来总归要快点，而他很快学会了汉语（口语），还掌握得比较好。

现在联合国正好在支持鼓励各国的人掌握两到三国的语言，在不同的文化氛围中生活，而不是仅仅作为旅游者到别的国家去玩玩。我当年在中国就没有融入中国社会，虽了解了一些中国文化，但不懂中国语言。

而沙依诺夫做到了，他虽然生活在19到20世纪，而他实际是21世纪的人，他的观念和能力是超前的。甚至在当代，在21世纪，也很少有人像他一样有能力深入了解并爱上另一种文化。他做到了。

这个人实际是将来时的人，而不是过去时的人，就是将来的人也不一定能达到他的文化水准。只有未来人，才能了解另一种文化并自由地生活在其中。我认为他是一个将来时的人。

沙依诺夫是一个有知识、有教养的人。他的性格比较强势，个性特征比较明显，既有刚毅的一面，又具备温和的一面。假设他是在俄国过平常人的生活，想来会更加温和平常。因为战争、革命，使他从俄国来到中国流亡，改变了他的性格，使他更加坚强。在异国他乡重新开始自己的生活非常不容易，在另一国度找到自己的生存空间，成家、立业，只有性格刚强、认真踏实的人才能做到。

他了解了中国，适应了中国，所以爱上了中国，爱上了自己的学生、同事和周围的人们，组建起了一个很好的家庭，这一切，只有性格坚强的人才能做到，否则就会崩溃了、消失了。设想要是换一个人，不可能活得这么充实和长久。

但是他实际是一个生活在社会底层的人。如果有条件他会成为斗士来捍卫自己的信念，他是一个和平之人、民主之人，如果需要，他会成为斗士。但他肯定不愿意这样，他是一个爱好和平的人。命运需要的话他会成为一名战士，但他肯定不愿意成为一名战士，这不是他本人的性格。

作为一个将来时的人，他会理解异域文化而爱上异域文化，在这方面，他做了一个很好的典范：与人友好相处的典范；怎样持家、怎样教育子女的典范；怎样捍卫理想的典范。

很多人描述过战争，我感兴趣的是沙依诺夫本身，一个非常独一无二的人，我始终认为，他及他所写出来的东西就是一个将来时的人，而他是出生在一百多年前的人。

从另一个视角悟出普通人生活的真谛

沙依诺夫从另一个视角看清并悟出了普通人生活的真谛，用平常心笑对人生，以人助我之心助人。他留下了一段凝固的历史。

他的深刻在于，一是，他居然把三轮车工人安德烈这么一个人，教会了俄语；二是，他的房子、他的家庭生活方式是俄式的，令我印象非常深刻，我十分惊讶；第三，让我印象深刻的是，他的手稿俄语水平非常高，完全是文学作品。遗憾的是我们没见过面。

他的俄文太棒了，可以称得上真正有文学水平的俄文作品。虽然只是在描写中国生活场景的片段，他使用的俄文是很漂亮的。比如，他文稿中描述了这样一段生活场景：

> 有一次，我和几个同事在茶馆喝茶，我们穿的是工作服。旁边桌子来了一个穿军装的人，隔了一会儿，他走到我们桌子旁边问道：你们两个是汽车维修工吗？于是请我们去检查他的吉普车，车子就停在不远的车库。车子刚经过修理，同时那人请我们帮助他，找到一个能帮他开车去重庆的驾驶员。我当即回答我很乐意去，那人即同意让我去重庆一趟。但我当时需要（向修理厂）请一个星期的假。我回到我的部门，请文书帮我起草请假一周的假条，他马上写了。我希望他直接去上级处口述我的请假要求，上级听了他的口述，签字同意了。

这是很流畅很自然的描述。他用的语言并不是很现代的，虽用了些古老的俄文词汇，但比现代俄文更贴切、更通顺，而且字写得很好。

沙依诺夫一直用敬畏之心接受命运的所有安排。命运让他来到中国，他与同伴们极其艰难地寻找自己在社会生活中的位置。

柳 芭

向往寻常生活

柳芭教授的丈夫托玛·巴维尔·斯坦尼斯拉沃维奇先生,对沙依诺夫同样有着高度的评价。他说:

写这部手稿的人,是一个拥有非常精彩的命运的人。

这个人很不一般。生存在那个年代,一个俄罗斯人,却深入到了中国文化的精髓里,对我的触动很大。

他能很快地融入中国文化,对我们来说是富有教育意义的,在当时我们民族中具有这种经历的人很少,这部作品展现出两国文化根基是源远流长的。

沙依诺夫的这种经历,可以让我们民间的交往更密切,交流更深一些。

另外,他对战争的描述也让人印象深刻,我最感动的是他对战争的看法,他厌恶战争,他反对战争,因为战争是要死人的。他的世界观是和平的,希望找到一个和平的沟通方式,依靠文化与文化之间的交融,而不是依靠战争来解决问题。

他向往寻常生活,他喜欢从事自己的专业即教书工作。他善于教育学生、教导儿童、教人向善。他向往教育事业以及与文化有关的工作,这是他的工作主线,这一块我印象最深刻。

我曾经也尝试着去想象,如果我处于沙依诺夫那种境地我会怎么办?我想假若自己处于那种情况,也会尽量像他那样做的。

巴维尔(采访录音)

这不仅是日记，更是文学佳作

　　沙依诺夫是一位心胸开阔、心地善良、为人友好的人。他一直关心他的朋友们，以及所有认识的人。因为民族特性，他有许多鞑靼族朋友，也是穆斯林朋友，后来也有很多中国朋友。因为友情，他还曾遭遇过一些非常情况。比如，他认为某些人会跟他一样将心比心、敞开心扉、相互友好，结果却被欺骗。欺骗他的人甚至包括他同一民族的鞑靼族人，也是穆斯林。

　　他在手稿中的细节描写很真实。在西伯利亚地区，村落之间、城市之间的距离是非常远的，而且没有像样的道路。夏天还可能看得到有些路，到冬天，道路都被大雪掩盖了，气候又冷。所以，正如沙依诺夫写的那样，他们常常沿着铁路走。除此之外无法行走。他写他们在去贝加尔湖路上，全靠当地的居民、向导、猎人引路，而且是大队人马同行。单独一个人要想穿越西伯利亚是不可能的，容易迷路。

　　我注意到他的观察能力，就是洞察能力。我读到他在一些段落做的注释，比如事件发生的地点和过程，记录下当事朋友的姓名，还记下人与人之间的关系，例如有一位犹太人参加与德国人的停战谈判，记录当时的情景很逼真。

　　我稍微再重复一点——沙依诺夫写的手稿，不仅仅是平铺直叙地写人和事，他对当事人的性格、人与人之间的关系，他对这些人的看法和态度等都有详尽描述，而不是简单列举事情的时间地点和人物。他是在讲述性格，他们之间的人际关系，他们的相互关心等。有人写的是日记式的，记录当天发生的人和事等琐事。他却详细描述事物、人物性格特征等。是在写文稿，不是记日记。他是一位非常投入和有教养的人。

　　我自己也对他的手稿感兴趣。我通读了手稿内容，了解了其中的情景，觉得写得很有味道。他的俄文水平好，所以描述的战争、中国的自然风光以及他在中国的行为、做过哪些工作等，这一切都令我感兴趣。感兴趣的还有他在手稿中作的批注。再比如，他将有些文字做了删除，我就想，他为什么要删掉？为什么有些句子要重新组织？可以看出他在思考怎样更好地描绘那个场景。

瞧，这些是格里沙发给我的手稿照片（刘勇的俄语名字叫格里戈里，昵称格里沙）。他将手稿的前面一部分拍成照片后，通过QQ发送到俄国的，我花了两个半月的时间来辨认。

瞧，这就是其中一个例子，在手稿的前段，就是我开始辨认和重新打印手稿的初期。这里就有他删除、改动和加注释的地方。有些位置我也加上了我自己的注释，转述他想表达的意思。比如，他写道："我们养护萨热列夫段"，我加的注释为："他们养护萨热列夫段车站间、村庄间……"

比如我的工作稿的第七页："我们当时的食品供应也很糟糕，那时也不可能好。当时高高在上过得舒服的都是沙皇军队的将军和德国人。弹药不足也是常事。弹药不足时，发来的却是喂马的草料，而草料不足时又运来弹药。当然这是当时不足为奇的状况。"

这句是被涂抹掉的："其实这些都是必然结果。因为沙皇尼古拉的妻子是德裔，公主阿丽萨也是。她们竭力在帮德国人。所以，再待在前线已经毫无意义。脱离前线的士兵数量之大。被属下士兵们枪杀的军官也不少。"

这里又有被涂抹掉的句子："已经没有办法阻止士兵们了。战争已经持续了三年。大家都厌倦了。大家都处于半饥饿状态，被虱子长期叮咬，都在相互传递'回家、回家……'的决心。师部有我一位中学同班同学。是搞技术的尉官。叫塔基·菲力茨。是律师。他也劝我离队回家，并且许愿如果我愿意，他会帮我办齐路上需要的全部文件。我同意了。于是，当天晚上他就弄齐了所有文件。我们立刻出发乘坐小火车沿窄轨铁路到了前方一座小站。在那里我们转乘一列已经坐满士兵的真正的货运列车。"

还有诗。他喜欢塔拉斯·舍甫琴科的诗歌，我读一段他写的诗人简介："塔拉斯·格里高利·舍甫琴科，1814年生，1861年去世。舍甫琴科原来是农奴，后来赎回自由身。他在自己的诗里描写了乌克兰和其他民族的百姓，在俄罗斯沙皇时期受压迫的情景，述说了农奴的苦难生活，抨击了沙皇的强权统治和对人民的无情压榨。沙皇尼古拉一世对他实行残酷迫害。他被充军发配到哈萨克斯坦，同时禁止诗人写和画任何东西。舍甫琴科在哈萨克斯坦军营里遭受了十年折磨，但是他的意志并没有被打垮。他仍然悄悄地写诗……"

紧接着他就做了注释，可能是为后面修改内容而写的："3月4日，5

点。在去夔门镇路上。夔门是扬子江上一个风景如画的小镇。"

他是在故乡遭受过苦难的，我记得他还抄有一首有关流浪汉的歌："流浪汉背着粮袋慢慢走，他诅咒那命运的不幸……"

你们那里有没有传唱这首歌？歌中唱到一位流浪汉挣扎到了贝加尔湖边，渡过湖，回到家，而他的父亲已经去世，兄长也……他怀抱着期待和盼望，经过长途跋涉回到家乡，结果却非常遗憾。

如果我生活在中国，那就肯定会与沙依诺夫一样，找到与中国朋友的共同语言。而我其实在中国成都期间就是这样做到的。比如，在没有翻译陪同时，我到农贸市场或者商场，总是有中国朋友尽力帮我，为我做解释，做介绍，提建议等，其实他们并不认识我。

瓦洛佳（采访录音）

一朵美丽的浪花

国相交，民相亲。两国人民之间的相互交往，深入了解，增进感情，是两个国家和谐相处，合作共赢的基石。民间交往有其独特的不可替代的作用。

沙依诺夫，是我中学同学白美鉴的邻居。我此前未与他谋面，也无交往。直到参与翻译部分沙老自传手稿，才对他的传奇人生有所了解。沙老参加过第一次世界大战，对战争的苦难有深刻的体会和切肤之痛，这促使他不畏艰险经西伯利亚大铁路穿越远东来到中国。沿路所受磨难，铸就了他不惧艰难困苦顽强进取的意志，表现了俄罗斯人与命运抗争不屈不饶的性格。

沙老来到中国，安家生子，又辗转来到四川成都，视中国为第二祖国，先后两次加入中国国籍。曾随刘湘将军出川抗日，以少校技师身份为中国抗战做出贡献。新中国成立后，他在成都七中教授俄语多年，弟子过千，诲人不倦。我的同学白美鉴受他影响，对俄语情有独钟，虽居陋室仍坚持学习俄语不改其乐，这才有了他与来自俄罗斯的柳芭教授和专家瓦洛佳的深情交往。

我在莫斯科进修时认识了当时年仅九岁的俄罗斯小姑娘奥丽娅·沙波诺娃，她对汉语的痴迷和热爱深深打动了我。她中学毕业后，我帮助她来四川大学留学，直至研究生毕业。现在她操一口流利汉语，应聘到香港卫视做中文主播，为中俄文化交流努力。我们还介绍在成都荷花池市场经商的钟雪茹姑娘到莫斯科大学读书，也是缘于她对俄语的爱好和不弃不离。

通过阅读沙老手稿，我们期待更多的俄语爱好者和有俄罗斯情结的朋友共同了解俄罗斯，了解俄罗斯人，在中俄友好交往的大潮中迸发出一朵朵更加美丽的浪花。

周伯征

我们都在寻找一些东西

我看了他的资料，包括他一生的背景故事，非常传奇，充满着历史色彩，我非常感动。从他的故事中，从他和他家人身上，可以看到如此漫长的历史影像，从19世纪末到整个20世纪，包括俄罗斯历史和中国历史。

沙依诺夫是出生于19世纪的人，我们现在很难想象中间相隔了这么长时间，一百多年了，但我觉得这样我真像接班人一样，很久以前有（俄罗斯）人到成都传承这样一个故事，现在21世纪了我们还在继续这个故事。时代在变，我们的生活方式不一样了，出现了多媒体时代，有网络了，变化太大，但我觉得人的本质，比如说"寻找"，每个人还是在寻找一些东西，在寻找自己的人生意义，想做一些有意义的东西，给后人留下一些有意义的东西，这是我们与沙老的共同点，与时代没有关系。

奥丽娅（虹韵）

爷爷有一颗充满了爱的心

爷爷记录的真实战争场景与我们一直以来所闻有很大的不同，对于敌我之间的对峙，竟然是和平共处，普通士兵不论哪个阵营都可以为了和平而产生默契，这表明普通的人都厌恶战争，但是却不得不参与战争。爷爷如何在前线的炮火中幸存下来？因为谨慎，这是爷爷历劫而不殆的根本原因，正是这种性格因素让他在危急时刻可以化险为夷，这是性格决定命运的真实反映。

爷爷是一个重情的人，亲情是他的精神支柱。他在前线经常写信回家，虽然没有收到过回信但是也不放弃，就在奔波的间隙也要与家人短暂地相聚。爷爷一生最重要的品质是爱，爷爷有一颗充满了爱的心。爱是伟大的，有爱心的人也是伟大的，这种爱不只是对家人的，也是对朋友的，甚至是对人类的朋友的，爱不分地域，不论是自己的祖国还是异国他乡。

在我很小的时候爷爷就常教育我，做人要有爱心，因为人类最美的品质就是爱心。爷爷一生不仅仅只是付出爱也收获了爱，在战火硝烟中在生死边缘中都有很多人付出了他们的爱，爷爷才会度过一个又一个磨难。那些素不相识的人给予的无私的爱，是我们人类最闪亮的人性之光，所以爷爷教育自己的后人，心中必须有爱。

爷爷是个正直、诚实守信、负责任的人，这些品格在我小时候爷爷也是经常教育我，做人要正直，诚实守信，勇于承担责任。

爷爷的生存能力很强，到了异国他乡，语言不通，风俗习惯不同，他却能生存下来，这与他所具有的坚韧不拔的精神，善于学习，善于总结经验教训，有很大关系，重要的是中国文化所具有的包容性也使他少了些许的障碍。正是中国文化所具有的包容性使得爷爷对自己成为中国人具有很强的身份认同感。

沙 飞

第三章 寻亲的故事

一、寻找·一抔黑土

遗愿与作业

沙依诺夫手稿的字里行间，隐隐约约有一份沉重的乡思。沙依诺夫似乎在告诉能读到这些文字的人："我还是要回我的祖国去一趟。我写下的这些文字，要拿到俄罗斯的亲人面前，给他们看，给他们讲讲我的一生。"

手稿的主要翻译者托利亚尤其感受到这份思乡之情的浓郁和沉重。

沙依诺夫的外孙女王莉加说："外公病危时，他嘴里说的全部是俄语，我们没有一个人能听懂，也没想到为他录音。很后悔！"

沙依诺夫的孙子沙飞说："我们小时候，爷爷常常给我们讲俄罗斯，也跟我们说过，他要回俄罗斯去，要带着我们去看老家……他是带着遗憾走的，所以我就一直想去俄罗斯，我的心愿是为爷爷完成这个愿望。"

2013年7月，曾与沙依诺夫相识，或与沙老有过联系的一群人，就萌发了一个念头：和沙老后代一起，依循手稿所记录的踪迹，前往俄罗斯寻亲。这个念头很强烈。除了完成沙老遗愿，也希望能以沙老的俄文手稿为基础，做成一个系列项目：将手稿译成中文，出版一本中俄双语的普及读物，再联合摄制电视纪录片，以促成中俄之间更多的民间合作。

2013年10月，从中国的成都开始，一直到俄罗斯的奥伦堡，开启了万里寻亲团《寻找——从成都到奥伦堡》的"文化交流手稿翻译之旅"。

中国的成都与俄罗斯的奥伦堡，相距十分遥远。但人与人之间是有缘分的，千里万里，只要有缘，人的命运就会交融。

另一个契机也在推动他们的行程。当时光流淌到了2014年，部分年过半百的群友们翻译沙老手稿时，在第四本手稿的最后两页中，意外发现了1980

● 沙飞举着爷爷的照片——沙依诺夫已在中国扎根

年西南师范学院俄语班同学初次拜访沙老时,沙老让他们依次签名并注音的"中文姓名+拼音手迹+黑白照片"!

大家顿悟:这是沙老在三十四年前给一帮年轻人预留的作业啊!

突然间,大家清晰地忆起往事,庭院中的藤椅,满园的花木,石桌上翻开的笔记本和笔,慈祥的老祖父沙依诺夫……那时他们正年轻,活蹦乱跳,围着坐在藤椅中的沙老,欢声笑语,一片祥和,真是特别温暖,特别令人动容。

当时谁也不知道眼前这笔记本,记录着沙老的百年回忆!

大家更坚定了将寻亲进行到底的决心。

临出发时,他们做了充分的准备,买了好些小礼物,想着:万一找到了沙依诺夫的亲属,可以给他们留下一份有关中国成都的念想……

万里寻亲团

赴俄罗斯万里寻亲团,根据自主自愿的原则,采取AA制方式,自由组合。寻亲团中,沙依诺夫在中国的亲属代表只有年轻的曾外孙杨帆(沙玛莉、白美鉴因为年龄和身体的原因,沙飞因为工作的原因,没能参加)。

寻亲团成员十名：刘勇、高德文、王晋蓉、银昌明、侯素铭、易红、罗德琼、杨帆、梁恩倩、王毅。其中年龄最小的是杨帆，二十四岁。最大的是银昌明和侯素铭两夫妇，同为七十四岁。此外各年龄层次都有。团员们虽然年龄跨度大，职业和性格各异，但相处很和谐。

这十人各有特色：

刘勇，成都电视台数字音像馆的主任编辑，万里寻亲之旅的发起者、组织者兼旅途中的翻译。年过半百却依然是小伙子模样，精力非常充沛。刘勇开朗，善交际，曾多次赴俄罗斯，交流学习并打工，结交了很多俄国好朋友。

高德文，成都肖家河街道办事处副书记。万里寻亲之旅的后勤部长，戏称自己是刘勇的秘书，和刘勇一起做了很多周密的准备工作。高德文沉稳可靠，任劳任怨，踏踏实实，一路上办理签证，买飞机票、火车票等都由他负责。

王晋蓉，四川省展览馆原副馆长，刚退休。万里寻亲之旅的财务主管。她的认真负责一丝不苟让大家很满意。不仅智商高，情商也很高，随时把自己的心态调整得宽松淡定。身材匀称，打扮得体，显得年轻，魅力不减。在奥伦堡火车站，不止一个出租车驾驶员要主动与她交朋友。刘勇逗这些俄罗斯司机说：王女士单身，四十岁。其中一个深信不疑，分别时一定要王女士留下电话。

杨帆，沙依诺夫的曾外孙，年龄最小的成员。他做事踏实，寡言少语，每天都帮记者拿沉重的相机脚架。不愧是沙依诺夫后代，传承着严格的家教，自觉遵纪守法，禁止同行的人违规拍照。

● 寻亲预备会

● 寻亲团行前准备，左为寻亲团后勤部长高德文

● 寻亲团成员们笑容灿烂。第一排：铁木尔、赵洪霞、侯素铭、铁木尔母亲、罗德琼、刘勇；第二排：高德文（左）、王晋蓉（右）

银昌明，成都市广播电视局前副局长，语言诙谐，使大家旅途更愉快。侯素铭是其夫人，温文尔雅，遇事又很机灵。两夫妇都已七十四岁，从不掉队，不添麻烦，有时还帮年轻人拿东西、拍照。

易红，可爱活泼的美女，大学汽车专业毕业，学理工科的文化人。业余舞蹈班里的专业中坚队员，善打扮也爱学习，还热心助人。

梁恩茜，王毅，两位都是都江堰电视台的记者，万里寻亲团的公派编导和摄影师。他俩聪明能干、工作用心，配合得很好，随时注意抓拍有价值的镜头。

罗德琼，成都市成华区政府信访部门原工作人员，已退休。性格开朗乐观，持公平之心待人，坚信不管人生有多少坎坷磨难，只要善良、宽厚、友好，保持勤劳节俭，守住法律底线，就会立于不败之地，生活也会越过越美好。她的参加，给大家增添了底气，增加了平安和快乐。

在奥伦堡

从北京飞往莫斯科，再经过圣彼得堡之后，刘勇等十人来到了沙依诺夫的故乡奥伦堡市。

由于前期行程安排出现失误，他们原本打算在奥伦堡停留四天的计划被迫缩短到两天。而且他们欲寻求当地政府帮助，以便顺利寻觅沙依诺夫的早年踪迹，找到可能存在着的近亲。但由于办理出境手续的程序缺失，能否与奥伦堡官方机构对接，也是问题。

幸而事先将四川省外事办公室出具的证明文件寄达奥伦堡文化部门，得到奥伦堡方面的重视，所以寻亲团与当地官方联系上了，奥伦堡方面派了一位姓维塔利的文化官员，前往火车站迎接他们。

但是，因为寒冬在即（俄罗斯的冬天不宜户外活动），刘勇等人出行仓促，未能等到奥伦堡市文化部门向成都方面发出正式邀请函，因此，他们在外事出访的法规链环中，缺少一些必要环节，受到一点小小的影响。

2013年10月18日，寻亲团到达俄罗斯奥伦堡车站。奥伦堡市的文化官员维塔利到车站迎接，与大家亲切握手。

刘勇对维塔利介绍沙依诺夫的基本情况："沙依诺夫那时候在成都非常有名，他当过一所中学的教师，教过很多学生。那所中学是我们最好的学校。沙依诺夫留下的手稿使我们非常感动，所以我们来贵地寻找他的踪迹，并且将手稿复印件赠送你们。"

● 寻亲目的地之一：俄罗斯奥伦堡火车站

维塔利回答："我明白你们的意愿。"

维塔利对刘勇流畅的俄语口语很感兴趣，询问刘勇住在中国的哪个城市，俄语是在哪里得到实际运用的？刘勇谦逊地回答："我吗？我就在成都市。说到我的口语嘛，1991年我在俄罗斯的车里雅宾斯待待过半年，在那里种菜。"

他们沿着火车站的站台行走，刘勇说明此行目的："沙依诺夫在贵地出生，念书。但是，我们一点都不了解这座城市……"

维塔利实事求是地说出他们的困难："之前，你们没有书面告诉我们沙依诺夫是哪一年出生的、在哪里出生的，我们查阅整理了所有收到的书信和信息，但是缺少必要的内容。我们州有两百多万人口，沙依诺夫时代的历史距离时间又过长，要展开寻找，比如查档案等，有难度。至少要有他的出生地啊。这些天我们也努力搜寻过，没有任何结果。更详细的资料你们没有再传来，只除了通知你们10月19号要来奥伦堡的那封信……"

原来，刘勇和高德文曾委托在乌里扬诺夫斯克的瓦洛佳，请他代为与奥伦堡文化部门联系，把有关沙依诺夫的资料传过去，让奥伦堡文化部门先掌握基本材料。瓦洛佳也确实往奥伦堡文化部门打过电话，但接电话的人不是维塔利，接电话的人向维塔利转述时也没有说明白。信息链条中出现中断。

维塔利强调："原来的信息只提到沙依诺夫于1919年离开了俄罗斯，没有提及其他信息，也没有他在俄罗斯的根基介绍，明白吗？我们无从下手。"

刘勇赶紧解释："等会儿我会出示相关文件，这些内容文件上都有，包括沙依诺夫在哪所学校读的书。"刘勇继续强调自己的目的，"沙依诺夫的女儿和孙子们都希望在俄罗斯找到亲人，如果我们找到了他们的亲人，我们这些人会一直支持和帮助他们的……"

维塔利说："我明白，所以你们这队人马一起来了。"

他们走出车站，一行人进入预定的花园旅店登记，出示护照和入境卡。刘勇用流畅而风趣的语言自报家门："我们一共有十个人，我们来自远方，有熊猫的地方，我们带着竹子来。都是来自中国。"

维塔利向刘勇解释，这里是奥伦堡的老市中心，这座旅店很不错，但不算最好的旅店。刘勇礼貌地解释说，只是想离车站近些，方便，一下车就到了。这房间不算大，也不算小，很舒适。按照俄罗斯礼节，刘勇客气地说：

"请坐，随意些，就像在自己家一样。"

维塔利也很礼貌："谢谢！也不要忘了是在做客哦，这是俄罗斯的谚语：像在自己家一样，但也不要忘了是在做客。"

刘勇向维塔利出示沙依诺夫手稿复印件，是专为奥伦堡文化部门带的。

刘勇拿出几本书准备送给维塔利，并说明这是成都电视台专为交流宣传而自己编写出版的书。但是维塔利拒绝接受，使刘勇大感意外。

维塔利叫着刘勇的俄文名字正色道："格里戈里！我没有权利接受这些礼品。应该是上面的领导才有权接受礼物。如果只是交换信息，那我可以收。"

刘勇赶紧解释："就是作为交换信息用的。"

维塔利说："由于你们逗留的时间太短，仅仅两天，我们不可能在如此短的时间内完成寻找沙依诺夫踪迹的大事。我一直在等你们告诉我更完整和详细的信息，就是有关沙依诺夫的出生等的准确信息。按照我的判断，你们这次来又不是最后一次，以后还会来的。"

刘勇向维塔利依次展示各种复印件。有沙依诺夫手稿，有柳芭写的手稿内容简介，有二十年前与莫斯科州电视公司签订的合同，还有四川省政府出具的文件。

作为政府官员，维塔利再次正色道："有一点我想告诉你们：你们的来访是以旅游者身份过来的，不是具有正式代表团性质的。州政府只与官方正式代表团打交道。这点使你们的寻亲活动复杂化。懂吗？因为要与州领导见面，必须要通过外交部办手续，办理相应签证，表明你们是电视台的，来工作的。"

维塔利还对成都电视台的政府属性表示疑惑："你们电视台，我想没有注册吧（意为成都电视台是否为私营性质）？注册登记的意思就是证明你们电视台有权在俄罗斯境内从事电视业务，才会正式邀请你们来。规格要高些。明白吗？"

刘勇觉得对他解释这个问题有些困难："有，有注册。这件事情，我们四川省政府非常支持，因为这是一个良好的意愿。"

维塔利："现在的情况是你们都是作为旅游者身份，是私人身份。明白？"

刘勇解释说："是这样，他们担心俄罗斯冬天太冷，所以仓促了些，有些手续没来得及办理。"

维塔利反问："是因为天气条件使你们决定早点来？"

刘勇："对，是这样。我们这些团员，都是中国的南方人，很怕冷，恐怕不能适应俄罗斯的严寒，万一冻病了会很麻烦，所以就着急来了。还有另一个问题，他（指杨帆）的外婆，就是沙依诺夫的女儿，年事已高，身体虚弱，到俄罗斯寻找亲人这件事，对他们家来说是一个很迫切的愿望。所以，我们急着来。"

维塔利："格里戈里，那这样，我明天把这一切材料转交上面。让他们来做决定。"

刘勇再次向维塔利出示各种文件：奥伦堡州经济文化合作部部长致中国四川省政府的信件；四川省政府收到文件后给奥伦堡州长的复信；四川省政府允许寻亲团赴俄罗斯的文件等。

维塔利逐一阅读这些文件。他说："我明白了。你们是经过你们政府允许的。唯一麻烦的是，你们还没有等到我们给你们的回复，没有等我们发正式邀请函，就来了。我会把这一切信息都转达领导。但是，我不能正式接受这些文件，因为你们不是正式代表团，我们只与官方正式代表团接触……"

刘勇经验比较丰富，他回答："如果纯粹作为礼物呢？这些文件，或许可以作为档案资料，帮助寻找沙依诺夫踪迹。你看，这是我们成都市的传统文化资料，有光盘。这个盘或许会有其他的价值。"

维塔利："那么，这些资料我拿了，通过各种档案资料，更加方便寻找。明天我去见领导。看他们怎么说，然后再定。"

维塔利告诉刘勇，他们在当地停留的两天正好遇上周末，节假日档案馆都不开放。只能下周一开始。

刘勇说："如果这样，我们想可以简单点，请将赠送你们的这些材料转交档案馆。为了我们间可以更好地互动。沙依诺夫是一位值得尊敬的人，他在中国成都的后代人丁兴旺，他的后代又有这样强烈的愿望，希望能和奥伦堡联系。这些资料，仅仅作为个人的信息，请转交你们的档案馆。"

维塔利："非正式的哦。他们想找到自己在俄罗斯的根，需要些时间。"

刘勇:"时间不是问题。可以过段时间,比如半年以后。我们赠送你们的资料,一定请放到合适的某处。"

维塔利翻看着资料,表示这些对开展工作是会有所帮助的。

刘勇对维塔利说,还希望通过他,向奥伦堡地方博物馆、档案馆转交一些有关的资料,包括沙依诺夫不同年龄阶段的照片、沙依诺夫子女及孙子女的合影照片、沙老的学生白美鉴的照片、白美鉴和柳芭之间发生的感人故事的记叙材料、成都筒车巷的街道照片、相关联系地址等。

维塔利仍然强调这是非正式交往:"格里戈里,今天是非正式场合,我可以把这些文件拿走。是非正式的话,我就收下。"

刘勇回答:"对对对,是非正式。"

当刘勇请维塔利帮忙,将几张光碟转交当地电视台时,维塔利又生硬地拒绝了:"我不可能转交什么给电视台。无权转交。"

从小摸爬滚打善于交际的刘勇,也不会轻易退缩,他坚持自己的请求,态度很温和:"那,如果你找到机会了呢?"

维塔利很正式地回答:"或许等我们之间开始正式的书信来往后,你们再寄给我们,我再转电视台。"

刘勇依然坚持:"是不是可以,先将这张光盘里的视频内容给您?"

维塔利:"什么内容的视频?"

刘勇:"相关专题视频和新闻报道。请看,这是当年我们在一起的录像,这是俄罗斯人在帮助辨认他的笔迹。这是举例范样。包括成都的沙依诺夫墓地、新闻报道、寻找亲人、亲情的呼唤。"刘勇进一步说明,"比如,我们两家电视台今后可以一起合作,我们邀请你们到我们那里去,一起拍摄。暂时先这样。今后我们再细化。"

维塔利:"我都明白。等我们开始正式的书信来往有接触后,再有可能讨论合拍片,文化交流方面。嗯,我明白了。好了,格里戈里,我把这些都带走。我等你们的电话,有什么也可以写信,我们现在算是见面联系上了。等正式交往开始,那时候我们就有可能全方位开展拍片,互访等。同意吗?"

刘勇没有异议,其实我们来到这里的主要目的已经达到了——见到了当地政府人员,有了联系,把沙依诺夫的基本资料送到,引起当地注意,将来我们也可以直接到奥伦堡州和乌法省的档案馆去查阅有关穆斯林的记录。已经不错了。

刘勇向维塔利说明情况:"这次我们时间太紧,好多事情来不及了。我们要去看看沙依诺夫幼年的学校,拍一组照片交给他的女儿作为纪念。这是主要任务。我们还要去乌里扬诺夫斯克会见老朋友。而且我们买的是往返莫斯科的双程车票。莫斯科—北京—成都。回到成都,还要去沙依诺夫的墓地。"

维塔利听懂了寻亲团此行的另一目的:"那就是说,你们要准备带点土回去?按照传统,去沙依诺夫的坟墓撒把土……"

刘勇回答:"是的,带一点点土,让沙依诺夫入土为安。他在中国,入的是故乡的土,仿佛回到家乡安息,我们希望让敬爱的沙老能够更好的安息。"

维塔利喃喃自语:"就像入的是故乡的土……"

维塔利用一种负责任的态度,很有感情地说:"那就是说,半年后或者一年后等你们再来。那时通过正式渠道我们书面约定,在我们这方面,先做寻亲工作,收集资料,然后与你们联系。再通过官方外交部的正式渠道,给你们发正式邀请。根据实践经验,我想会是这样进行,这是为了下次访问更有成效。你们下次过多长时间来访?一年后还是半年后?"

● 静谧的俄罗斯秋天

刘勇的微笑很诚恳，态度依然很谦虚："这需要看你们如何邀请，看双方的工作成绩。这次不是很成功，好多准备工作来不及做。"

维塔利做了必要的提醒："你们要注意，根据我们的法律规定，你们没有注册登记，在户外无权进行采访。要小心。不要给自己惹麻烦。"

刘勇请他放心："不会的，我们不会采访任何人。"

寻亲团准备离开了，与维塔利握手道别。刘勇对维塔利说："再送您一些我们城市的小纪念品吧。这是戏剧脸谱，带着我们城市的历史印记，是中国特色的，留个纪念。"

"脸谱？明白，明白。谢谢！谢谢！小礼物。"维塔利笑着说。

维塔利也送给寻亲团一件礼物，是介绍奥伦堡历史的书，有俄文，也有英文，从奥伦堡建市到2011年的历史。他说："我想这样更方便你们了解我们奥伦堡的文化和历史，对你们很实用。"

一抔黑土，魂兮归兮

万里寻亲团来到奥伦堡的主要目的之一，是为沙依诺夫老人圆梦，圆一个"回家乡看看"的梦。按照中国的说法，老人"驾鹤西去"，然而魂魄需要回归故土。现在，要从万里之外带回一抔俄罗斯家乡的黑土，礼葬如仪。

来到奥伦堡的第二天即10月19日上午，一行人从奥伦堡笔直的公园大街，踏入奥伦堡师范学校附属小学旧址。在三层教学楼对面，体育运动操场外围，深秋的山楂树挂满一串串红楂果，金黄叶片泛着银光。百年老橡树下，俄罗斯特有的温润发亮的黑土，衬托着一大簇盛开的白色小菊花。迷人的秋天景色，见证了具有圣洁象征意义的行动。

沙依诺夫的曾外孙杨帆，虔诚地铺开一条白色丝巾，庄重地捧起一抔黑土，郑重放进铺开的丝巾上。杨帆将黑土捧在手心里，仔细观察：这是与他自己有血缘关系的泥土，是俄罗斯特有的、黑得浸油的肥沃泥土。它寄托着乡思，承载着乡愁，它将飞回中国的成都，使万里之外、长眠在成都凤凰山

● 奥伦堡师范学校的三层教学楼

● 沙依诺夫曾外孙庄重地捧起一抔俄罗斯黑土

上的一个俄罗斯魂灵，得以安息。杨帆小心地包裹，然后装进袋子。两位电视台记者用摄像机近距离跟踪拍摄，录下这一庄严仪式。

这是为沙依诺夫带回第二故乡去的泥土。这抔黑土将撒到成都凤凰山回民公墓沙老的坟头上，让老人在中国"入土为安"。

一行人又来到奥伦堡的一所师范培训学校，学校也坐落在公园大街右侧，距离火车站很近，还不到一站公交车里程，没有围墙，在直径半米粗大树掩映下，一栋二层楼矗立在路边，是典型的苏俄旧式建筑。新粉刷过的淡黄外墙上，楼体腰间挂着标示牌，二十一个翠绿色俄文字母由左至右书写"ПЕДАГОГИЧЕСКИЙ КОЛЛЕДИ"（俄语：师范学院），显得格外醒目。楼上楼下，明镜般的窗口折射出湛蓝的天空，显得那样的深远。寻亲团人员在此合影，以纪念沙依诺夫。

寻亲团成员回到成都，2014年11月6日，他们齐集凤凰山回民公墓，肃穆环立于沙依诺夫墓地。沙老坟前静谧无声，刘勇等人虔诚地捧出从奥伦堡带回的黑土，交给沙依诺夫的后代：沙慧德、沙玛莉、沙莉莉、王莉嘉、沙飞……所有人都屏住呼吸，见证这一场百年穿越。

一抔黑土，被恭恭敬敬地撒在沙老的坟头……

俄罗斯国家电视台采访寻亲团成员

2013年10月，赴俄罗斯万里寻亲团在乌里扬诺夫斯克，受到瓦洛佳一家的热烈欢迎，也惊动了当地电视台前来采访。于是，这一群来自成都的小人物，现身于俄罗斯电视荧屏。

这天，寻亲团一行人来到瓦洛佳女儿开办的盲人图书馆参观，瓦洛佳的岳母、夫人都在这里工作过，现在他的女儿拉斯佳是这里的馆长。

拉斯佳说俄罗斯有七十个盲人图书馆，这里有上万册盲人图书，盲人们制作了不少作品，有绘画、图书、布娃娃等，盲人们说，他们也要为社会做贡献。

• 俄国女记者

• 刘勇接受俄罗斯国家电视台采访

• 瓦洛佳向记者谈起手稿的翻译

• 在俄盲人图书馆内互赠礼品

● 刘勇向俄罗斯电视台记者介绍沙依诺夫

拉斯佳就在图书馆里请中国人吃午餐，有各式面包、火腿肠、巧克力和俄罗斯红茶等，很丰盛。

正在进餐时，俄罗斯国家电视台、伏尔加广播电视公司两名记者来到图书馆采访，刘勇用俄语向他们解释：我们此次来俄的目的之一，就是帮已故的沙依诺夫老人寻找亲人。之后这家电视台对此做了报道，在俄引起反响。

2013年10月12日至24日，俄罗斯国家电视台第一频道新闻《成都记者在俄寻亲》：

几位中国电视人到了乌里扬诺夫斯克。他们是要拍一部有关进步人士叔旦·沙依诺夫的电视片。沙依诺夫被命运安排到了西藏的门户成都市，他在那里教过俄语。

他并没有在乌里扬诺夫斯克生活过。他的故乡是奥伦堡。不过，在我们这座城市里倒是有一位人士弗拉基米尔·吉利洛夫（即瓦洛佳），帮助了来自天府之国的记者们弄明白他们的老师写的手稿。他花了整整几个月来研究沙依诺夫颇难辨认的手稿，选用合适的表达方式来比较准确地展现手稿作者的思绪并且将手稿录入成电子版。为了翻译者们能够比较容易找到中文中的对等译法，他对所有段落点做了特别标注。不久，这部手稿就以汉字形式"重新发声"——重获新生。

弗拉基米尔十年前曾经在一次出差时到过中国。在大街上他偶然遇到一位讲俄语的三轮车夫安德烈。

安德烈成了俄罗斯设计师的导游，向乌里扬诺夫斯克人讲述了沙依诺夫的故事以及沙依诺夫的中国学生们情况。

弗拉基米尔·吉利洛夫，是沙依诺夫手稿的破解人。

（来自中国的记者们说）"他们在沙依诺夫处完全免费学习俄语。沙依诺夫当时年岁已经相当高了，却仍然在成都一所中学免费教授俄语。他们大约在三四月份完成手稿的破解。而后，这群认识沙依诺夫和喜欢俄语的朋友们就决定拍一部电视片。"

格里戈里（刘勇的俄语名字）第一次着手拍摄有关沙依诺夫的电视片时，还是电视台的一名年轻摄像记者。遇到沙依诺夫的学生后，他就邀请全团到沙依诺夫家乡来。中国朋友在乌里扬诺夫斯克的两天里，不仅参观了与列宁相关的景点，还要去一趟策尔奴。去看望弗拉基米尔的亲戚们。

刘勇是中国一家电视台的音像资料馆的馆长助理。"我们到这里的一行十人，大家都喜爱俄语，也是沙依诺夫以前的学生。他是一位非常受尊敬的人。"

现在中国电视台记者正在寻找俄罗斯合作伙伴。他们希望俄罗斯同行帮助他们寻找沙依诺夫在俄罗斯的亲人和中学教师沙依诺夫从遥远的天府之国写过信的人们。他们已经到过莫斯科，采访了一位曾经在成都教过俄语并首先发现沙依诺夫手稿的女教授。

二、印象·美丽的俄罗斯

沙依诺夫曾外孙的记述

关于我的曾祖父波澜壮阔的一生，我是从刘勇老师以及各位帮助我们翻译手稿的热心人那里得知的。他们所知道的所有故事，都是从曾祖父传下的两百多页残缺手稿开始的。

去年秋天，母亲告诉我，让我作为一个异国寻亲访问团的家属代表，去曾祖父的故乡（也是我们的故乡）俄罗斯。带着无比的惊讶与兴奋，我加入了这个由曾祖父的学生、记者以及热心帮助我们的人组成的队伍，为寻找那遗失的故乡，揭开那一段被尘封的往事，踏上了这条神奇中带点儿伤感的别样旅途。

10月中旬，寻亲团按计划由成都出发，经北京转飞莫斯科。在这里，我们将见到两位俄国友人，普希金大学的柳芭教授及其丈夫医学博士巴维尔。抵达莫斯科的第二天，我们在旅馆见到了柳芭教授及巴维尔先生，这是多么和蔼的两位老人，巴维尔先生已近八十高龄，行动也不是很方便，仍然来到旅馆与我们见面。在之后的采访中，两位老人畅谈了对曾祖父的一些感想，他们都深深为他那坚忍不拔的精神所打动。

在经过莫斯科和圣彼得堡短暂的游览后，一行人来到了我的故乡奥伦堡。它位于欧亚分界线交界处坐落在南拉乌尔山。这座建立于两百年前的城市，充满了历史的气息，我处处留心，暗自感叹——这里就是曾祖父出生的地方。下火车的时候奥伦堡州政府的一位官员接待了我们，为了寻找曾祖父可能存在的亲人，我们需要他们的帮助，但由于这边正在举办欧洲文化节，实在是很忙。他们似乎对曾祖父的经历也挺感兴趣。在奥伦堡，我动手取了一抔泥土，为了让曾祖父在成都能够入土为安，我要把这抔黑土撒到成都凤凰山曾祖父的坟头上。

下一站我们前往列宁的故乡乌里扬诺夫斯克。在那里有一位给予了我们很多帮助的和蔼老人，他就是退休航空工程师瓦洛佳爷爷。凌晨在英莎小站

● 寻亲团与瓦洛佳在俄罗斯乡间小屋前留影

转乘了一次列车后，一行人到达乌里扬诺夫斯克火车站，远远地，我们就看到了他——热情的瓦洛佳。应瓦洛佳爷爷之邀，我们在他的乡间小屋叨扰了数日，体验到了最纯正的俄罗斯乡间风情。

这次寻亲之旅虽然没能找到曾祖父可能存在的亲人（也是我的亲人啊），但我们确实收获颇丰。一路走来，对曾祖父当年万里跋涉来到中国及之间所发生的那些观者惊心、闻者咋舌的故事，有了更加深刻的认识。在此，感谢那些为我的寻亲提供过帮助的热心人，感谢你们的无私付出。

杨 帆

寻访俄罗斯

金秋时节，寻亲团一行十人，由成都经北京去俄罗斯。2013年10月12日，成都双流机场乘CA4113航班，8：00起飞，10：20到达北京，后转CA909航班，15：45飞往莫斯科。八个多小时后，于莫斯科时间晚17：55到达。

步出机场，只见晚霞红艳，不一时便夜色朦胧。满大街车光流影，华灯初上。我们预定的希尔顿宾馆位于莫斯科北部，入住手续由我负责办理，我们将在这里住两晚。

次日，电话邀请柳芭、巴维尔夫妇前来宾馆接受采访。解读沙依诺夫手稿，推敲手稿翻译中的遣词用句。午间柳芭夫妇热情做东，我们在名为"阿塞拜疆柿子茶馆"的西餐馆享用了丰盛的大餐，有俄罗斯特色的羊排、鹅肝、冰淇淋、法国葡萄酒、各色蔬菜。色香味俱佳。席间相谈极欢，柳芭讲了一个"小狗的故事"，谈吐颇具贵族式机敏灵活，幽默风趣。

下午，俄国围棋冠军铁木尔携其母亲及中国女友赵洪霞来宾馆，接我们游胜利公园。公园草坪青青，桦树落叶满地一片金黄，游人往来其间，如一幅幅实景油画。我们参观了彼得大帝在芬兰造船时的旧址，有小木屋、宫殿、雕像、博物馆，尽皆精致典雅。又参观位于莫斯科河畔的莫斯科大学。

● 莫斯科柿子餐厅，柳芭夫妇的最爱

晚餐在公园内，铁木尔家人招待享用烧烤。带大家夜游莫斯科后，送回宾馆。

第三天清早乘地铁到红场。首先映入眼帘的是二战名帅朱可夫战马的雕塑。红墙东侧，卫兵护卫着浮雕，长明火映衬着名句："你的名字无人知晓，你的功绩永世长存"，由三十九个俄文字母构成，为纪念反法西斯战争中英勇牺牲的无名战士，那么的神圣庄严肃穆。条石铺成阅兵大道，古老而神秘。我们依次参观了列宁墓、检阅台、克里姆林宫建筑群、国立历史博物馆和圣西里大教堂。

绕过红场，到莫斯科河大桥，站在桥上观景，只见河宽几十米，沿岸一条弯弯的大道陪伴着长长的红墙。缓缓的小山坡顶上是克里姆林宫。远远望去，宫殿宏伟，阳光照耀，五光十色。

夜幕降临，乘地铁到列宁格勒火车站。晚23：59发车，一夜安睡，第四日晨8：00到达圣彼得堡。大家将行李寄存在火车站。找到银行兑换点兑换卢布。冒着蒙蒙小雨，赶三站公交，到达冬宫。满眼金碧辉煌，精心展示的文物、油画、雕塑，如达芬奇《戴花的圣母》《圣母丽达》，拉斐尔《圣家族》《科理斯塔比勒圣母》，米开朗琪罗《蜷缩成一团的小男孩》都是馆中奇珍，令人震撼。古希腊瓶绘艺术、古罗马雕刻艺术、西欧艺术收藏等镶嵌

寻找沙依诺夫

● 五彩斑斓、风格独特的教堂建筑耸立在俄罗斯土地上

其间，美不胜收。冬宫广场上的亚力山大大圆柱碑，高耸凌空。圆柱上方有天使铜像。周边欧式建筑将广场围成半圆，正中是大型圆拱门，气势宏伟。出大门是涅瓦大街，1917年的革命人群，就是沿此大街攻占冬宫的。

中午简单俄餐，入住列夫斯基岸边四星宾馆。下午看斯莫尔尼宫，这里是列宁十月革命总指挥部，现在是圣彼得堡市政府，原海军总部也在附近。广场、建筑、森林、大道、喷泉，如一幅幅油画，目不暇接。

晚，在酒店附近，朋友李波招待地道俄式大餐，聊天唱歌喝酒。

5日早，乘地铁，换小巴，到郊外三十多里的皇村，历代沙皇的行宫。这是森林中的宫殿，湖光晶霞，倒影如画。林中静立普希金雕像，普希金多年在此读书学习，生活精彩，著述甚丰，留下不少传世之作。

经过树丛，忽然传来中国国歌乐曲声，那再熟悉不过的音乐让我们精神一振。循声望去，原来有三位着盛装的乐器演奏艺人。他们观察我们的肤色、服装和言谈举止，就知道我们是中国人。而对于我们来说，异国之域忽闻《义勇军进行曲》，真是热血沸腾，心潮起伏。我们送上小礼品，感谢几位艺人友情弥重。

叶卡捷琳娜花园占地一百零二公顷，宫殿金碧辉煌，窗镜宽阔，餐厅卧室华丽精良。一间琥珀屋，其墙壁用品，全用琥珀做成。据说明文字，二战时这里曾被德国占领，掠走大量文物，烧毁宫殿。二战后陆续重建，现在基本恢复原样。

● 圣彼得堡皇村也留下寻亲团的足迹

● 寻亲团员镜头聚焦当地人文风光

园内湖光山色，林林总总，时间关系不及遍赏，旋即返城。午餐后，乘船游涅瓦河。我经手购买游船票，每人三百卢布。

在格里巴叶达娃桥上船，畅游于十米宽的河面，经过几座河桥，行驶数公里，来到冬宫后面、芬兰湾入海口的涅瓦河三角洲河段，这是最繁华的地段。水面宽阔，水质清澈、水流平缓，次第入眼的是圣以撒大教堂，海军部大楼，各式各样的俄罗斯风格建筑群。对面兔子岛的建筑貌若玩具城堡。绕行一周，尽赏宏丽，晚霞辉映，美不胜收。

17日早7点乘快铁回莫斯科。中午11：05到达莫斯科火车站。15：35上火车去奥伦堡，飞驰三十小时，18日晚当地时间22：10到达奥伦堡。奥伦堡政府派员接车，到附近花园宾馆入住，刘勇与之交流，并将沙依诺夫手稿复印件及相关资料转交。

19日早，我们先去买了到乌里扬诺夫斯克的火车票。然后大家一起，先后到奥伦堡师范学校、小学拍摄，在附近取黑土一抔，为沙依诺夫带回他家乡的泥土。

近午，乘公交到欧亚界碑。界碑位于奥伦堡乌拉尔河大桥旁，有一高高的土埂，界碑面南而立，其东边是亚洲，西边是欧洲。我们立足于中间线，横跨欧亚大陆，无限自豪，摄影纪念。

下午15：35从奥伦堡乘火车，凌晨3：20在英莎车站下车，换乘去乌里扬诺夫斯克州的列车，乌里扬诺夫斯克位于伏尔加河中游，是列宁的故乡。4：05发车，7：20到达。

瓦洛佳早已等候在站口，并为我们租好了一辆车。我们急迫地奔向二战纪念碑、列宁故居及博物馆（为纪念列宁诞生一百周年而建）。

二战纪念碑广场位于伏尔加河旁，广场左侧是大型雕塑，中央是高大的纪念碑，面向伏尔加河，长明火永久燃烧。列宁广场上耸立高大的列宁塑像，周边葱茏的树木，沿伏尔加河岸列阵如云。一战和国内战争纪念碑也是长明火永久燃烧。列宁博物馆、列宁出生地、兄弟姐妹出生居住地建筑环列广场周围。

瓦洛佳带我们参观了俄罗斯最大的航空博物馆，宛如苏联航空的历史画卷，包括最早的飞机、超音速、大中型客机、中小型军用战斗机、直升飞机等。

中午到瓦洛佳夫人和大女儿工作的盲人图书馆，大女儿是馆长。这里有两百多平方米，藏上万册盲人图书。盲人们制作了不少作品，有绘画、图书、布娃娃等。准备了丰盛的午餐，电视播放着瓦洛佳在成都工作和寻亲的资料。

俄罗斯"伏尔加国立电视公司"的新闻一频道，闻讯前来采访瓦洛佳、刘勇和寻亲团，当天播出近三分钟新闻节目，介绍寻亲团和沙依诺夫，评价沙依诺夫是"先进人士"。

午饭后我们有三位团员，代表寻亲团到附近瓦洛佳岳母家看望老人，八十三岁的岳母，从小因病致盲，但她一生努力，为盲人图书馆做出了巨大贡献，是一位伟大的母亲。

下午，继续乘车到瓦洛佳农村的家，他家离城三十多公里，进村时到小超市买了一些食品，瓦洛佳已为我们准备很多的东西。

村民居住松散而稀疏，每家都有一片几亩至十几亩不等的土地。瓦洛佳有三间主房，其他还有附属房，有夏天用的厨房、工具房、储物房、温室房、凉架房、小游泳池等，占地六分之一公顷。自己种白菜、马铃薯、萝卜、红菜等各种菜类，完全可以自给自足。在瓦洛佳的家就像在自己家，晚餐大家分工做饭，由瓦洛佳主厨，我们协助，地道的俄式晚餐，喝着伏特加及红酒，唱着俄罗斯歌曲，跳着各式的舞蹈，欢快极了。洗碗，打扫，各施其责。

餐后到院子里看星赏月，北斗星明晃晃的。已是零下2至3度，室内是24至26度，由村里集中供暖。我们分别躺在床和沙发上，进入梦乡。

第二天采访、学习、研读沙依诺夫手稿，瓦洛佳介绍他的研读成果。他说，沙老是一战二战时的老兵，他自己的祖父和父亲也分别是一战和二战老兵，对沙依诺夫这样的老兵有特别的亲切感。这份手稿，记录很详细，有文采，记录了他喜欢的俄罗斯和中国的伟人、文学家和喜欢的歌曲。他认为沙依诺夫是一个平凡的，但又是一位优秀的先进的人物。

瓦洛佳带我们参观邻居家，到田野去转悠，到"黑屋子"体验俄式桑拿。

也有一支插曲。下午18：00，我和银局长、侯老师到村外去拍照，路遇警察盘问，原来据说是有人举报，有外国人在照相。我们俄语学习程度太浅，无法交流，只有比画，我们说，我们是瓦洛佳的朋友，他不明白，要带我们走，我们不上车，他要看护照，我们又没带护照。又给他说，（比画）我俩留在这里，让女同志回去叫人，他终于明白了，点点头。他把我的相机

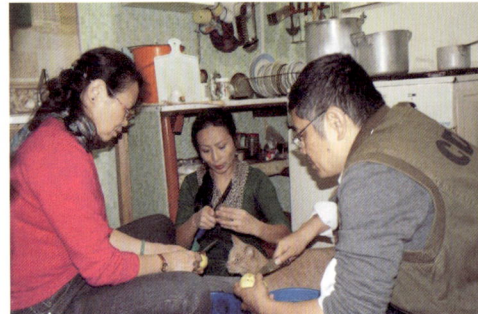

● 瓦洛佳家温馨一角

照片看了又看。一会儿，瓦洛佳和刘勇来了，给他看了证件，与他沟通交流，这才安全搞定放人。

当晚，瓦洛佳烤肉、烤排骨招待，异国他乡吃烤肉，又是一番风味，我们喝着伏特加，唱着俄罗斯歌曲，跳着民族舞，连太极扇、太极舞也融入其中，真是一个欢快热闹的夜晚。

23日清晨，踏霜顶雾，走在结冰的泥土上。水坑结冰，用力踏上才破。瓦洛佳安排我们参观村里的墓地。那里安葬着村里参加一战、二战牺牲和去世的战士，为他们立碑。我们也举行祭奠仪式，献花默哀。这里也是村子的公墓，瓦洛佳为父亲扫墓。俄罗斯多数人信东正教，也有伊斯兰教和其他教，都是土葬，占地较宽。他们人口少，土地资源丰富，但这些墓地占地都不宽，非常人性化、生态化，有供人休息的设施，还有放食品喂鸟和动物的空地。

下午15：00出发，去乌里扬诺夫斯克城，参观列宁居住过的老家陈列馆、民居民俗陈列馆，了解百年前当地人的生活状态。

23日晚19：20瓦洛佳送我们上列车，临行依依不舍。乘火车再回莫斯科，车上一对夫妇带一个小男孩，天真可爱，我们逗他玩，送给他小礼品，很快就混熟了，他回送我们糖果，他的父母还送我们一大盒巧克力。列车员推销铁路纪念茶盅，刘勇与她闲聊，过了一会，她回来给写了一大篇留言，并留下家庭地址和电话。乘警来查护照，刘勇搬出一大堆资料，给他讲故事，顺利通过。

24日9：00，三进莫斯科，微雨淡雾。我们约好司机安德烈进站接车，顺路去超市购物。到达谢列梅杰沃机场候机，晚乘CA910航班，19：45起飞，飞行五千八百公里，25日早晨北京时间7：15到达首都机场。入关后，转乘1415航班9：55起飞，中午12：50回到成都。

这次俄罗斯深度旅行，是文化之旅，友谊之旅，更是精神洗礼之旅。

高德文

热情的俄罗斯民众

前往俄罗斯,我们的队伍中除了三个80后外,其余的几位队友大都已年过半百。尽管好几位都曾经在沙老门下学习过俄语,但只有刘勇现在能够说一口流利的俄语,自然成为我们的领队和翻译。他一再向我们交代出去后的注意事项,包括如何避免被海关和警察误会、火车上严防小偷等,让我们不免心有忐忑。我还听说了一些有关俄罗斯社会治安的现象。

然而,在整个寻亲过程中,俄罗斯并没有我们道听途说的那般混乱和冷漠无情,反而让我们感受到了俄罗斯民众的深厚友谊。

在俄罗斯,我们的主要交通工具是地铁和火车。不管去哪儿,问路成了每天必做的事情。根本不用担心,每一位回答我们的俄罗斯人,都显得特别热情和细致,有的甚至主动为我们带路。而在乘坐地铁时,常常会有俄罗斯人给我们让座。在从莫斯科前往沙依诺夫家乡奥伦堡的火车上,隔壁包厢是一家人带着孩子去走访亲戚。尽管语言不通,但这个金发碧眼的三岁小男孩却给我们枯燥的火车之旅带来了许多乐趣。他的父母也非常放心地让孩子四处乱跑,一点都不戒备。在火车沿途经停的小站,只要有物美价廉的特产出售,他们购买的同时,都会热情向我们推荐。

抵达沙依诺夫家乡奥伦堡州火车站时,是当地周五晚的10:10。因为提前已经知道奥伦堡州政府正在筹备一个国际文化交流活动,近日内都无法抽出专门人手来负责我们这个项目,所以我们做的最坏打算就是吃闭门羹。

但没想到,在四川省外事办和都江堰市外事办的大力协调下,奥伦堡州政府文化对外联络部的一位负责人维塔利,提前到了站台迎接我们,带着我们到达旅店并帮助我们办理入住手续。所有人都住下后,已经接近凌晨,维塔利不顾疲劳,继续和刘勇洽谈此行的任务,并表示上班后会向上级汇报此事,同时和我们保持联系。两天后,周日早晨我们正准备离开,维塔利出乎意料地出现在旅店,他是专程来为我们送行的,赠予一本《奥伦堡州州志》作为纪念品。

在列宁的故乡乌里扬诺夫斯克,我们更深切地感受到了俄罗斯民众的热情。克里洛夫·乌拉基米尔·亚历山大洛维奇给我们留下深刻印象,他就是退休工程师瓦洛佳,是白美鉴的朋友。白美鉴因为身体原因未能和我们同行,拜托我们代他看望瓦洛佳,送上他为瓦洛佳挑选的中国瓷器。虽然瓦洛佳和我们一行所有人都素未谋面,但他和家人非常热情地款待了我们。

之前,由于沙依诺夫的手稿全是俄文手写体,辨识度和传阅度都不高,由白美鉴介绍,瓦洛佳参与到沙老手稿的整理工作中。他前前后后花了两个半月的时间,将沙老手稿录入为电子版本,大大方便了传阅和翻译。而瓦洛佳也是对沙老手稿了解最多最深的人之一。

为了和我们更深入地交流对沙依诺夫手稿的看法,并且让我们更深入地体验当地人的生活,瓦洛佳邀请我们到他家的乡村小屋住宿。他拿出自己酿造的野果子酒、酸黄瓜,地窖里储藏的他亲手栽种的土豆白菜款待我们,教我们做地道的俄罗斯红菜汤、土豆炖牛肉,我们彻彻底底过了一把俄罗斯农村生活的瘾。

他打开笔记本电脑,和我们一起分享沙依诺夫手稿中的精彩故事,讲述他的想法。晚饭时,对于这一群素未谋面、语言不通的朋友,瓦洛佳用浑厚的嗓音哼唱起中国人耳熟能详的俄罗斯歌曲,用他内敛的热情、周到和细腻,深深地感动了我们,带动大家跟着他,用不同的语言一起唱,兴高采烈,载歌载舞,仿佛是认识了多年的好友一般。宽松自在的氛围让几位80后感受到了中俄两国人民之间曾经存在的共同情结,深切感受到一句话:"国之交,民相亲"!

梁恩倩

柳芭与巴维尔的传神爱情

当我们来到莫斯科,满天红艳的晚霞将整个城市映衬得格外辉煌,街上流光溢彩的车流紧紧将我们拥抱。次日,电视台邀请曾到过成都的莫斯科大学柳芭教授,及她的丈夫巴维尔接受采访。

初见柳芭教授,就被她高贵的气质所吸引,那是一种从骨子里散发出来的尊严，那是一种长期熏陶出的艺术修养。她穿着大方，戴着典雅的胸链，装饰出高雅的品味。岁月的磨炼没有给她留下多少老态，她展示给我们智慧的光芒，人性的魅力。她拿着沙依诺夫的手稿用动人的声音向我们娓娓道来，虽然我一个字也听不懂，但她那抑扬顿挫的声调让我如痴如醉。

而最让我感动的是，当我看见六十多岁的柳芭教授拉着八十多岁丈夫巴维尔的手，眼中流露出爱的光辉，两人窃窃私语时，真想按下快门留住他们的甜蜜，可又怕惊扰他们爱的交流。只能把他们浪漫爱情的交流永留心间，也许这就是俄罗斯的浪漫。也许这才是真正的爱情。

结束采访，老两口专门在为他们庆祝生日或结婚纪念才会去的百年老店阿塞拜疆西餐馆，热情地接待了我们。丰富的羊排、鹅肝、冰淇淋、法国葡萄酒、空运各色蔬菜等让我们大饱眼福、口福。席间，柳芭教授用她贵族式的幽默给我们讲了一个跨国小狗因中俄语言问题引出的笑话。

易 红

● 刘勇给小柳芭讲柳芭教授在成都的故事

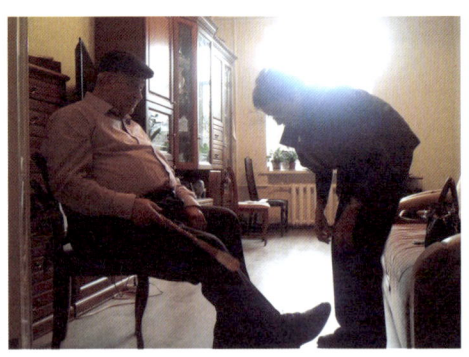

● 柳芭帮丈夫穿鞋出门去"红色十月"接受采访

附录一

沙依诺夫的人生经历

沙依诺夫，其姓名全称，如果译成汉语，一共十八个汉字：

叔旦·格列·艾哈迈德·侯赛因诺维奇·沙依诺夫

这个姓名全称除了在档案和正式文书中出现外，他的同事和学生都不知道，就连他的中国妻子、亲戚和子女们也没人叫得全。

一、幼年及少年

1893年2月27日，沙依诺夫出生于奥伦堡州，奥伦堡市，聂波柳叶夫街，阿夫德耶宅。这座城市位于伏尔加河流域，现在属俄罗斯联邦。

民族为鞑靼族。

父亲是小职员，当过出纳，1896年去世时年仅三十三岁，沙依诺夫才三岁。

母亲是家庭妇女。父亲逝世后，母亲靠帮工获得微薄收入，含辛茹苦抚养沙依诺夫长大。

1901年，七岁的沙依诺夫开始在附近某附属小学校上学。

1905年升入奥伦堡现实中学直至1909年，学费由舅父（穆罕那的商人）提供，当时母亲在舅父家当帮工。后来舅父去世。（舅父有一位在奇士多波尔中学同班的同学，名字叫塔杰耶夫，在沙俄137师司令部当过准尉，曾经是乌法的一位律师。）

1910年迁居到乌法省的姨父（从军队师长职务上复员转业）家，在姨父家帮助干农活，干了一年左右。

1910年进入达夫列哈诺夫车站四年制师范学校，校长是哈里托夫。1914年毕业，分配到乌法省哈尔歹小学担任教员。一战前曾在卡尔达耶沃村任教。

二、亲历第一次世界大战

1914至1917年第一次世界大战期间，沙依诺夫的家搬到喀山，以小学教师身份被沙俄政府征服兵役，他以母亲无人奉养为由一再拖延入伍，直至1915年。

1915年至1916年，先被派到奇士塔波尔少尉学校学习，三个月后结业被派遣到位于伯力的152后备兵团当排长。

1917至1918年，被派往前线与德军作战，先后入步兵预备役105后备兵团、548楚古耶夫团，然后被派到137师司令部。当这个师被布尔什维克的势力控制时，他被士兵们推选为该师穆斯林委员会主席。利用这个职务，他去喀山买回许多书籍报纸和宣传品，在军队中建立了一个小型图书馆，吸引了附近不同番号部队的士兵也来借书阅读。

沙依诺夫与德国人对阵沙场，眼见身边的兄弟们流血牺牲，也经历过俄方士兵的哗变和逃跑，还亲历与所在地区德军签署停战协议的过程。和平终于来临，而战争的血腥残酷留给他难以磨灭的印象。

一战结束，根据"萨马拉军区53号命令"，他得到一份四页纸的证书，证实他作为教师，可免继续服兵役。到"比什加卡村"学校当教师，让村里的孩子们接受初等教育，他设立了"品德课"，教育学生们要"讲诚信、爱劳动"。

三、亲历苏联内战

1917年苏维埃共和国建立，次年（1918年）发生内战，主流记载称为"白匪军叛乱"，参战双方都大规模征兵。

沙依诺夫被征召,成为"白军"的一员,编入比尔斯克市新组建的部队"第16乌法团",先后在布拉耶沃村、库茨巴耶娃村驻防;先后在布拉哥维申斯克市的戈耶村、白河畔的沙里波沃村、小卡普雷村、大卡普雷村作战。随着战线延伸,又先后到了鞑靼斯坦的一座小城布古尔玛、乌法省的达乌列卡诺沃村、乌得里亚克—巴塞沃村和切波尔卡耶沃村,直到整个乌法省被红军占领,白军溃退。

沙依诺夫随白军部队溃逃,由于饥饿、虱子、营养不良、疲于奔命、精神紧张等原因,沙依诺夫病倒了。野战医院满员,他没能住院治疗。他的两颗大牙完全坏掉,医生不用任何药物,让护士摁住沙依诺夫,将他的两颗牙拔掉,痛得双眼直冒金星。

他爬上"医疗火车",随着大批伤病员一起撤退,经过车里亚宾斯克、哈巴罗夫斯克、伊尔库茨克、马林斯克,列车不再往前开。此时他原来的病情已大为减轻,却因同伴传染而患上了伤寒。

沙依诺夫带病步行好几天,到达鞑靼斯克(位于新西伯利亚州西部),此时他脱离军队,跟着一些民间武装队伍继续走。

然后又加入了军队,"第十六伊希姆团骑兵侦察辎重车队",成为骑兵侦察兵,不过不是在前侦察,而是在战线的后方。大雪封冻中,他随部队再次来到伊尔库茨克省内,越过冰封的贝加尔湖,到了湖对岸的李思特维恩尼奇诺耶村。

他已经虚弱到极点,和士兵们一起挣扎着走到中俄边境的赤塔。这时指挥官决定让沙依诺夫再上前线。他的直接反应是"坚决不去!"然后一位副官收留他,当了文书。

当他被派到安基比塔军区学习骑兵时,发现本应和他同行的许多人都不见了。他逃到了中国境内的满洲里,看见原本不见了的那些人早已逃到这里。为了谋生,他们先当装卸工。

他遇到一个鞑靼人,自称跟沙依诺夫曾经是熟人。被这个鞑靼人灌醉骗上火车,相当于被"抓壮丁",回到俄国境内的达乌利亚,又进了白军的部队,被分配在司令部当文书。

不久,沙依诺夫抓住机会,再度脱离军队,逃到了满洲里。几天后到了哈尔滨并且找了一份工作。

1920年,沙依诺夫和一个叫巴哈利的战友渡海去日本,在日本转了几个城市,待了两三个星期,回到中国的沈阳。

这时,原来服役的白军部队找人通知他们:可以不再服役了。还发给一点复员转业费,让他们自谋生路。

于是,沙依诺夫名正言顺从俄国"退伍",留在了中国。

四、辗转中国,自谋生路

沙依诺夫到达哈尔滨时已经轻松了,当时哈尔滨的俄国人非常多,可以谋生。但是后来人太多了,他只得跟着许多人一起往南走。

1921年他到了上海,学习经商。先合伙开食品店,因几个人意见不合而散伙。再开纺织品小店,再加入公司搞布类商品批发代售,然后由公司派到四川搞推销。

来四川的途中,他们乘船沿长江逆流而上,在英国人控制的九江,全部货物被海关无理扣押,所有旅店也因不成文的命令"禁止俄罗斯人居住"而拒绝他们。终于在付出七十五个银圆的"关税"(为重复收取)后脱身。

沙依诺夫骨子里信奉文明和友善,认为人应该有教养,抵制"无奸不商、尔虞我诈"的行业规则,曾经发生过因为多收了顾客的钱,而从此无颜面对该顾客的窘事。接着,沙依诺夫听说长江上经常有盗匪劫财害命。对他而言,经商的路肯定走不通,遂决定不再经商。

1924年他返回上海,用微薄的积蓄买了一些内燃机修理技术的书籍,认真研习,并参加了由一家从法国来到上海、名叫"马利雷奇兄弟车行"举办的"司机和机械师培训班",接受汽车驾驶及修理的技术训练。事实证明,从事技术工作对他是合适的。

从培训班结业,一个熟人介绍他去汉口一家美国人开的、名叫"美信洋行"的附属修车行工作,月薪十五个银圆。沙依诺夫工作很努力,干活不知疲倦,对各种新鲜事物都充满兴趣,业余自学不断提高技术。汽车在中国很少见,都是外国制造的,运进来时是散架的,客户买车,沙依诺夫负责组装,然后押运送上门去。沙依诺夫正式获得了驾驶证,不久老板就给他涨了薪水,安排他在卖车、试车时担任驾驶员。然后被转派去搞汽车充电和修理蓄电池的工作。

1924年（手稿为1923年，应为1924年更准确）夏秋之际，一位在中国现代革命史上具有重大影响的人物鲍罗廷，在武汉与沙依诺夫发生了联系——中国南方兴起了由孙中山领导的大革命运动，共产国际派鲍罗廷作为驻中国代表，苏联政府又派他作为驻广州国民政府的代表，国民党还聘请他为最高政治顾问。鲍罗廷赴广州参加国民党改组、第一次国共合作等活动，经过汉口。与鲍罗廷同行的还有一个叫阿联的将军和几名苏联飞行员。

鲍罗廷在汉口，来到沙依诺夫所在的美国"美信洋行"修车行，这里有好几位俄罗斯技术工人，都离开家乡好几年了，鲍罗廷和他们交谈，告诉他们苏联的情况，甚至动员他们回俄罗斯去"参加社会主义建设"。鲍罗廷曾打算在沙依诺夫工作的车行为他妻子买一辆汽车，最终没有买成。

但两种势力的斗争很尖锐，几个俄罗斯人突然被捕。在鲍罗廷视察汉口警察局时，就发现一个关押在前德租界监狱里的俄罗斯人，经他干预，这个俄罗斯人当天就得以获释。

鲍罗廷离开汉口，而潜在的被捕危险依然存在。为避免不测，沙依诺夫等俄罗斯人向老板宣称他们生病了，要求准假去上海。老板联系英国亨维斯号轮船，让他们随船押运三辆新车，将他们送去上海。

在上海，沙依诺夫为一个合作社担任监管员的短期帮手，专管监视往来海船的装卸货情况。他发现一艘发往挪威的海轮是走私船。然后他不慎喝了脏水患了痢疾，在医院里躺了一个多月，病好后回到汉口。

沙依诺夫在汉口工作五年半以后，到1929年，老板准备将他派往重庆，去该车行新开辟的重庆分行工作，并提升岗位职务为主任机械师，月薪增加到两百个银圆。这笔薪水比较可观。

正在这时，发生了一件盗窃事件，从海参威来的一个青年工人偷了十个电瓶卖掉。失盗与沙依诺夫的职责有关，沙依诺夫在澄清了不是他的所为之后，主动承担赔偿义务，拿出一百个银圆，全额支付十个电瓶的赔偿金。

后来小偷被查获，沙依诺夫获得了极好的口碑。

1931年，沙依诺夫在重庆结婚，妻子是一位姓蓝的穆斯林（回族）女子。一年后妻子怀孕，不幸感染了败血症，妻子病逝，胎儿也殁了。1933年，妻子的妹妹蓝笑梅做了填房，她为沙依诺夫生育了四个孩子并相伴一生。

沙依诺夫在重庆为这个美信洋行的修车行干了近六年。1934年，美信洋行老板为国民政府代买飞机，生意失败，全部产业抵押，员工全部解散。

沙依诺夫失业了。

五、抗战川军中的少校技师

1934年的下半年，沙依诺夫经人推荐到了刘湘的第二十一军战车大队，领少校军衔，月薪一百银圆，一周上两次班。专职负责管理维护从英国买来的两辆装甲车、五辆拖拉机，同时为部队培训轻型坦克驾驶员。他先培训这些年轻人驾驶摩托车。

1935年5月，沙依诺夫第一次加入中国籍，获"内政部洪字第四九号入籍许可证书"。

不久"二刘之战"爆发，因为四川乡间的道路不配套，简易公路和桥梁经不住重型车辆的碾压（沙依诺夫认为这些路桥也许能经受住重压，应该进行试验），刘湘认为装甲车队对作战没有用处而将其解散。沙依诺夫在刘湘部队仅仅一年多，又失业了。

有一位在加拿大传教士使团工作的中国人，介绍沙依诺夫去加拿大传教士使团，为教会办的四圣祠医院开车，主要往返于成都、重庆之间。这样沙依诺夫到了四圣祠医院当驾驶员，报酬仍然是月薪一百个银圆，外加路途补贴即路上的餐宿费。

这份工作唯一让沙依诺夫有意见的是：别的车都配有副驾驶，沙依诺夫不仅没有副驾驶，经常还要自己装卸车，途中万一发生什么事，连个帮手都没有。他提出这个问题，医院同意他找个帮手，但是不发给帮手工资，只供应路途中的食宿。沙依诺夫就把待业在家的小舅子找来帮忙，从此解决了这个年轻人的工作问题，小舅子掌握了技术，后来从事机修工作。

沙依诺夫在四圣祠医院开车只有一年，抗战即将爆发，刘湘部队的军官来找他，声称他曾是原装甲车部队的成员，同时还声称：你是中国公民，有义务服兵役，让他到刘湘的善后督办公署成都市管理处报到。事由为公署总部新买了三十五辆新式福特牌货车和十五辆各种牌子的小汽车，缺少驾驶员及汽修工。沙依诺夫被任命为主任技师，月薪继续领一百个银圆，军衔依然是少校。他率领着二十个学徒,这些学徒都是二十一军战车大队的成员。

　　沙依诺夫介绍一位名叫魏立森的俄国人,接替他到四圣祠医院去当驾驶员。

　　1937年7月全面抗战正式爆发。11月,沙依诺夫接到命令,去南京第七战区长官司令部报到,职称为"高等技师"。上司对他说:现在缴获了很多日本坦克,无人会摆弄,你必须去南京。同去的有两辆装甲车的五名学员,还有几辆轻型坦克的五名车长与驾驶员。

　　一行人1937年11月22号清早动身,乘坐去重庆的长途公共汽车。在重庆换乘"民来"号轮船,12月7日到达宜昌,换乘"泰兴"号轮船,12月10日凌晨到达汉口。这时离日军占领南京城、开始大屠杀只有三天了。

　　他们得知,第七战区司令部已经从南京转移到汉口,他们便前去报到。1938年1月20日晚8点,抗战危急关头,刘湘在汉口病逝。

　　刘湘的司令部运送灵柩回成都,人员全部离开汉口,却没有通知他们,给他们留下了五辆车。

　　不几天,五辆车中就有三辆车不翼而飞。沙依诺夫深怕这些车一辆也不剩下(他也就失去了回四川的理由),便向上司宣称:第二天一早,自己将驾驶剩下两辆中的一辆,回到四川去。

　　他必须回四川去,他的妻儿老小都在成都等着他。同行的还有几个人。他们做好了长途奔波的各种准备,于1938年1月底从汉口启程。

　　一路上千辛万苦,陆路转水路、再转陆路,带着两辆车长途跋涉,途中近两个月,直到3月24日才抵达重庆。他开回来的车被重庆的司令部扣留,长官拿走车辆后告诉他们:"你们可以走了,爱上哪儿上哪儿。"

　　这一招,等于将沙依诺夫挽救于免遭日寇之手、免遭盗卖、千辛万苦开回四川的一辆军车,非法截留了。

　　4月5日下午沙依诺夫回到成都,离家近半年后,终于与担惊受怕的亲人团聚。他再去到第二十一军司令部,这时川康绥靖公署是邓锡侯在指挥,上司指派他到司令部的修车行上班,一切待遇如旧,依然领少校军衔,月薪一百银圆。

　　一个插曲:他于毫不知情的情况下,被集体加入了国民党,还发给一个党证。

据成都历史档案，1936年4月成都警方关于沙依诺夫的记录：沙依诺夫，男，42岁，1936年3月来蓉，住昭忠祠89号，任督办署机务股工程师，妻蓝笑梅年20，四川巴县人，子女默克燕（延）2岁，每月薪俸100银圆；另有岳父母及妻弟姓名年龄等记录。1918年沙依诺夫因俄国战事进入中国，故无护照；1935年重庆市政府补发第295号护照一张。

六、自建住房，扎根成都

1938年沙依诺夫从汉口回到成都，他就筹划在成都长期居住。

作为邓锡侯的部下，沙依诺夫跟川军师长马德斋协商，将属于马师长所有、位于西城区，地名叫马家花园、小地名叫"阴地坝"的一块荒芜的坟地买过来。由于现金不够，先付了首付款，之后每月从工资中扣除部分房款。沙依诺夫率领家人，自己动手盖了七间房子，四间草房和三间瓦房，自己挖了一口井，还挖了防空壕。当房款全部付清之后，马师长将地契交给了沙依诺夫。这就是后来编入街道名称为"筒车巷9号院"的初始建筑。沙依诺夫为成都的市政建设，创造并贡献了一个街道门牌号码。

抗战胜利后，部队裁员，沙依诺夫工作的川康绥靖公署修车行撤销，他自动辞职，其他员工被解雇。

此后沙依诺夫与一个蓬溪人陈玉清合伙，在清真寺旁边租了一片空地，开了一家小修车厂。渐渐地，陈玉清的亲戚朋友来厂工作的越来越多，修车厂由两人合伙逐渐变成了陈家的家族企业，原来的合伙人变成了老板，而沙依诺夫逐渐边缘化，倒成了打工仔。

沙依诺夫为人厚道，没有提出异议，坚持了两年多。当修车厂维持不下去时，一个来自欧洲的熟人介绍他去励志社，到一家欧洲人开的旅店，给一位叫"龚医生"的美国人当私人驾驶员，这时已是1948年。十个月后，解放军势如破竹占领了大半个中国，新中国即将成立，国际关系发生变化，外国人都走了，不再来了。旅店被查封，他又失业了。

之后，经马幼明介绍，沙依诺夫到一家私营的西南运输公司搞车辆维修，挨到1949年12月，解放军来了，新政权在成都建立。

此后，沙依诺夫在成都的好几个地方教授俄文。先后有青年之家（蔡顺时介绍）、四川军区后勤部（军区熊同志来请的）、大川学院（熊子×介绍）、大川学院之西北中学（韩怡民证明）、成华大学（车成介绍）、华西大学及其工会（王重常介绍）、铁路局下属五个单位（王琮染介绍）等学校机关单位请他前去教授俄文。也有人到他家里来学习俄文。

那时个体经济普遍存在，公有制经济正在势不可挡地成长。有人向他建议：与其跑来跑去地到处教俄文，那么辛苦，还不如固定在学校里当俄文教师。

于是，从1952年2月开始，沙依诺夫成为成都市第七中学的正式教师。他离开俄罗斯的时候，本来就是从师范学校正式毕业分配的教师，他一直热爱教书育人的高尚工作。现在终于过上了他一直希望的、快乐而充实的日子。

在七中上课，工作量大。每周二十节课，布置家庭作业，还要给六个班的学生每班每周作一次听写。每天备课修改作业，忙无余暇，非常繁重。后来，沙依诺夫培养出四名由英语转教俄语的青年教师，其他俄语专业毕业的师范生也陆续分配来校，工作便轻松多了。

沙依诺夫在七中教书七年，直至1958年。

七、再度加入中国籍

新中国成立之初，中俄关系极好，热情高涨，有人告诉沙依诺夫，政府有政策了，凡是原苏联籍的人可以申请回苏联去。这个消息对沙依诺夫造成极大的感情冲击，他何尝不想回到美丽的俄罗斯，回到家乡，寻找留在那里的亲人！

但是现实情况比较复杂，1950年沙依诺夫五十七岁，早已不是当年那个勇闯国境线的年轻士兵，他要考虑全家人的各种问题。老岳母岁数大了，妻子不会俄语，孩子们需要重新适应，小女儿体弱多病等。

他对孩子们说："要是回苏联去，首先，我这么大的岁数，已经到了不宜随便搬家的年龄了。其次，你们都不会说俄语，回去了会有很多问题和障碍。第三，听政府宣传说，苏联现在建设得很好，我们中国也会向着这条路前进，也会越来越好。"

他跟全家人商量："我们就在成都，就在我们自己的家里，用我们自己的劳动建设自己的生活，享受自己的创造，那不是更好？"最后他加强语气说，"我们就不回去了，就留在中国！"

孩子们听了父亲的话很激动，小女儿沙莉莉曾向同班同学描述父亲的话，语气中充满着豪迈。

1955年，沙依诺夫第二次加入中国籍，重新登记填表。其入籍申请书中这样写着（原文无标点）：

我乔（侨）居中国已三十六年我爱人蓝笑梅系中国国籍生有子女四人并置有薄产故国亲友已多年不通音问实无回国之必要现在中苏一家双方乔（侨）民国籍均可自由选择现苏联已由社会主义社会向共产主义迈进我即回国已无法赶上决心安居中国在共产党毛主席领导下努力前进做一个好好的中国人民遵照规定填表申请本市外事科登记外用特检具自传一份申请查核准予加入中国国籍

此 致成都市人民委员会民政局

申请人沙依诺夫　　一九五五年五月十九日

附：自传一份

中华人民共和国国务院为他签署了证件，编号为"OO七三七"。1955年8月31号寄到家中。

1958年，为了照顾在山西太原工作的妻子，沙依诺夫调到太原的铁路机务段汽车修配厂，从事内燃机修理工作。直到1961年11月退休，那时他已经六十八岁。

"文革"期间，沙依诺夫到了陕西，陪同还在工作的妻子，照顾孙儿孙女。

1970年，沙依诺夫回到成都，一直居住在成都西城区筒车巷9号院，直至1984年溘然长逝。

沙依诺夫来中国生活了六十五载，与中国人民一起，并肩走过现当代中国的沧桑历史，他已经融入中国，成都就是他的第二故乡，他宁静地终老于这座美丽温和包容度很大的城市。

附录二

成都七中学生回忆沙依诺夫老师

一、七中俄语教学由沙老等教师开创（沈际洪）

问：沈老师，当年你入学七中的时候多大年纪？

答：1950年秋天，我十一岁考入成都七中，一直读了六年，1956年我从七中毕业，考入大学。

问：这期间，沙依诺夫也在七中教学，对于他，你有怎样的印象？

答：这一下就让我回到六十多年前了，那时成都七中还在青龙街。我念初一的时候学的英语，到初二上的时候，好像还是学的英语。到1952年下半年，七中校园里面出现了一个"洋人"。但是什么名字，干什么的，大家都不知道。后来，大概下半年学校就决定要开俄语课了（教我们英语的老师叫闵正东［音］，是非常有名的一个英语老师，后来大概在1956年调到西师外语系去了）。1952年下半年我们开始上俄语课，闵老师来教我们 А Б В Г Д （俄语字母：阿、碑、魏、格、得……），他说，昨天才有一个叫沙依诺夫的俄国老师，来教我们原本教英语的老师学俄语，学这个发音，他们学了以后马上来教学生。七中的俄语课就是那时开始的。

问：这就是说，当时没有真正的俄语教师，都是从英语教师转过来的？

答：其他学校我不知道，但是在成都七中确实是这样的，全部是由英语老师改行干的。比如说闵正东老师，叶幽兰老师，还有其他英语老师，都是这样开始教俄语的。直到1954年七中迁校，迁到现在的磨子桥，才来了一位叫石惠英的女老师，由北京外语学院还是上海外语学院毕业，她是个上海人。七中这才有了第一个科班的俄语老师。石惠英（音）老师来了以后，每天早上七中的校园里有十分钟俄语会话广播，石老师用女高音说：Здравствуйте, товарищи!（你们好，同学们），然后一个男中音说：Здравствуйте!（你们好!），这个男中音就是沙依诺夫老师。他俩播音之后，再广播结合课本和生活的会话。当年七中校园里就有这么一个内容，以此开始一天的生活。

回想起来，虽然沙依诺夫老师没有直接教过我们，但是他给我们起到了雄鸡唱白的作用，在俄语广播的召唤下，我们一批成都市的体育小明星，爱上了晨练，篮球代表队啊，足球代表队啊，体操代表队啊，田径代表队啊，都起来锻炼。当时七中的体育水平相当高的，全西南的体操冠军都在我们学校。

问：照你这样说，沙老的出现对于七中的教学起到非常大的作用？

答：非常大的作用，应该说他是最原始的元素。沙依诺夫为什么能够出现在七中？应该感谢七中的一位老校长，叫刘文范。刘文范校长是新中国刚成立时接管成都市所有学校的军事代表，他好像还兼任着教育局局长。是他主动要兼任成都七中的校长。据我知道，刘文范校长是成都的地下党员，他对沙依诺夫在成都的历史应该是清楚的，他才可能让一个俄国人在七中当老师。在新中国刚成立的大环境和思想状态下，刘校长让沙依诺夫来教书，很难得，需要勇气和魄力。现在看来，有很高的政策水平。

我在想，刘文范校长之所以把沙依诺夫请来，又教老师又教学生，是响应了中央的号召。当时中苏友好，全面学苏联，全国的学校都从学英语改成学俄语，缺乏师资，他的初衷还是紧跟中央的政策，要把中苏友好的旗帜打起来，积极推进七中的教学改革，利用了这么一个社会资源，很早就在七中把俄语课开设起来。虽然老师们前一两天才学的俄语，后一两天就上讲台教学生，但是也把中央号召全面学苏联的政策推进了，他初衷是好的，也很有政策水平，很有魄力。请来沙依诺夫，七中的整个外语教学很快地上了一个台阶。

刘文范校长已经过世很多年了。我觉得，因为刘文范校长有特殊身份，如果他不是地下党，就不可能了解到沙依诺夫的那些背景。像沙依诺夫的新中国成立前的经历，当时成都的任何一个校长，一是不敢用，二是即使想用，也没那个权力。回顾沙依诺夫到七中教学的经过，我觉得可以对我们当时的历史、环境和背景，引起很多的思索。

问：按你的推测，当时刘文范校长，只有以他的特殊身份和特殊职务，才有可能了解沙依诺夫，才敢录用沙依诺夫？

答：只有刘校长才找得到沙依诺夫，才敢用他。所以，七中的俄语教学在全成都市是最早开展起来的。真的很稀奇，很有趣味。沙依诺夫的性格很好，虽然没有直接教我们，但我们比较活跃的学生经常可以见到他，打声招呼，像是一个新的风景线。同学跟老师都有这个印象。反正在沙依诺夫在成都教授俄语期间，特别是在七中教授俄语期间，我觉得他就是最原始的元素之一。

七中还有一位老校长叫解子光，在刘文范之后当的校长，这是个有口皆碑、确实很了不得的教育家，沙依诺夫在七中的存在，和解校长的教育思想的开放很有关系。

记得有一天，我们走到学校门口，碰到沙依诺夫老师骑着自行车，自行车很特别，回链即可刹车。我的印象中，这自行车是军绿色的，前头有一个编的兜兜，军绿色的袋子，里面放一些东西，我们就开玩笑地和他打招呼：Здравствуйте，товарищ！（同志，您好！）他也跟我们打招呼。

沙依诺夫老师经常提醒我们，学外语一定要经常练习口语会话，要经常"嘎瓦李奇"（俄语：说），不要害羞，把害羞丢到山那边去。这些话我记得清清楚楚，意思就是要想学好俄语，必须经常练习会话。

二、啊，今天烤火了！（林文询）

我是1958年秋进的七中，当时沙依诺夫老师不是我们班正式的俄语老师，偶然一次，他来给我们代课。我记忆中很鲜明的印象，是他踏进教室显露的形象气质。那时我们中国的教师一般来讲气度并不显得高雅，因为中国知识分子的生活境遇、思想，处于1957年"反右"以后的压抑状态，不少老师灰头土脸，精神状态很差。但沙依诺夫不同。我记得很清楚，他一进教室，那个形象，让我们感觉眼前一亮，很英俊，很彪悍，留的是那种小翘胡子，那个气质是我们看的电影中的俄罗斯人的气质。我们很幸运地和他有了直接的接触。

我记得那时刚进入冬天,他进来以后说的第一句俄语:"Ой, сегодня как холодно!"(啊,今天好冷哦!)我们才进中学,俄语水平很低,没听明白,摸不着头脑,我把这句话翻译成了"啊,今天烤火了!"

他这开课的一亮相啊,让你感觉到什么呢?不是我们一般对老师的评价,比如说这个老师教学经验丰富,那个老师很幽默,很单一的理解,而不涉及国别、民族的区别等。不由自主地,我们拿他和我们中国的老师比较,他的精神状态,他的心态,有着太多的不同。其中可能有民族的原因,俄罗斯人的性格和我们汉民族有区别,西方人和东方人有差别。另外,也可能和他经历过很多的人生历练有关,就像小托尔斯泰写的《苦难的历程》那样,经历了沸水里面烫过、碱水里面泡过、清水里面洗过很多的起落,对生活他已经具有了很开阔的视野。

他的心态非常健康,非常明朗,我印象最深的就是这个"Ой, сегодня как холодно!"(啊,今天好冷哦)很幽默很风趣,一下就把我们带入了另一种境界。

成都七中是按照莫斯科101中学的模式修建的,是重点中学,标志性中学,教学楼很洋气,很现代,在当时成都的中学里绝对独领风骚,很漂亮的。校门是一条林荫道,两边栽的法国梧桐,长得很好。当时周围都是农田,春天油菜花黄了,胡豆花开了,蜜蜂嗡嗡地叫,天空也非常清澈,蓝天白云,老鹰在上面盘旋。很有田园风光,加上一个沙依诺夫这样的老师,提倡人性,提倡自然,与优美的环境高度结合。为啥我现在还有印象,因为爱偷偷写点小段子笔记,我坐在化学实验室三楼办公大楼的三楼上,就看那个窗外,老师在这边讲,我没有专心听,就看,看到这些风光尽收眼底。沙依诺夫的那种性格和这种风景完全融为一体。

学生搞各种实验,最爱搞小科学、小发明。我记得,大概是秋天了,梧桐树叶已经开始落叶了,有点黄了,沙沙沙的风声,沙依诺夫站在校门口,在那里遥望蓝天。突然有个小小的、木制的滑翔机就飞到他面前来了,他一下就把目光收回来了,可能也把他的思绪收回来了,他又回到中国现实中来了。他把滑翔机拿起来端详,露出一个很明朗的笑容,然后对着那个娃娃把滑翔机给他掷回去,很优雅的一个姿势。他体型很好,很矫健,很优雅。滑翔机在空中一个弧线，滑翔了一段时间。确实他是有经验的，他过去搞机修和驾驶，对这些东西并不陌生。他笑得很灿烂，我印象很深。当时对老师，特别他这样的老师，有一种敬畏的心理，不像和有些老师可以随便接触。为啥我会注意到这个细节，是因为当时中国知识分子已经开始被一种阴云给笼罩了，在20世纪50年代后期就开始了，1957年"反右"以后，知识分子就灰头土脸了。

我们住校，傍晚出来散步，遇上沙依诺夫也爱散步，他有时候站在那里抄个手仰望高天，当然现在我们可以说也许他想起了他的故乡的广阔田野、连绵森林，因为俄罗斯的广阔，也许他有一些乡愁乡思。但是从他的神态上看不出来，他是怡然自得的。

他经历了很多人世风雨，对风云变幻看得比较透彻。新中国成立之初一片欣欣向荣，成都七中在那个时候也是欣欣向荣，那么宝贵的几年，他恰恰在七中度过。他的人生理想得到实现，知识储备得到运用，发挥他的所学，实现他的所愿。他在享受生活，充分自我肯定。因此具有那种精神状态，反过来也说明了一点，就是新中国在她的20世纪50年代前期也是比较阳光的，思想意识比较开放，要不然，也不可能容留一个像沙依诺夫这样的外国人在中学里存在。沙依诺夫是七中百年校史中唯一一个来自外国的教师。用现在的时尚用词，就是改革开放的窗口、典型、先锋等，沙依诺夫是一个证明。

这样一种契合，使得沙依诺夫能够在20世纪50年代前期的中国，度过他人生最可贵的一段时光，也给我们留下虽然短暂，一闪即逝，却永难磨灭的印象。

我觉得，所谓改革开放的思想，并不是现在凭空掉下来的，原来就有，只是步子走得很小。沙依诺夫只是一个局部的存在，但也是一个典型。我觉得应该把七中与沙依诺夫的和谐关系体现出来，拓展一下，而不是孤立的沙依诺夫。七中是沙依诺夫的一个驿站，这个驿站对他很重要。

他的形象，他的神态，他那明朗的微笑，给人留下深刻印象。这是一种很自然的、潜移默化的人格力量。沙依诺夫并没有给我们上很长的课，就代了那么一点课而已，我们对他有一种敬畏感，私底下并没有更多的接触，现在回过头来想，我们和沙依诺夫老师的接触是一种幸运，遗憾的是接触得太少了。

三、他抽"1号",下面必是"11号"(吕进)

我1952年从川西实验小学毕业,考入成都七中,念初中。我们是春季毕业,教育部规定那一年全国的初中春季班一律休学一学期,转入秋季班。我在家休息一个学期后,1955年秋季考入成都七中,念高中。我们58级有九个班,我在1班。我们班的高中俄语课一直由温国华老师执教,但一年级上学期的俄语课是沙依诺夫老师上的。

和川西实小一样,成都七中也是四川省的重点学校,师资很强。我记得沙依诺夫老师长得很帅,鼻子下有两撇翘起的小胡子,白皮肤,蓝眼睛,一双长筒皮靴。他的俄语似乎有些地方音,比如"o"这个字母在轻读时他并没有弱化,仍然发"o"的音。据学生们的追踪,沙依诺夫在成都生活了六十多年,直到离世。我不知道他后来的汉语讲得怎样,他给我们上课的时候,汉语不太好,而我们的俄语又不好,虽然成都七中初中就上俄语课了,但是师生之间交流很少。那个时代学生班的"头目"是团支部书记,我一直是58高1班的团支部书记,但也和沙依诺夫老师没有什么交道。我记得,每位学生都有学号,沙依诺夫老师可能不认识我们的中文姓名,抽问时就叫学号,且有规律。他抽"1号",下面必是"11号",再后是"21号"。而如果开始是"2号",下面必是"12号""22号""32号""42号"等。

四、沙依诺夫喜欢跟学生在一起(杨蔚增、蓝台)

七中校友杨蔚增回忆:来自外国的老师,当时只有七中有这么一位。七中是成都市开俄语课最早的学校,1952年下半年,七中全校都没有开设英语课,全都开的俄语课。其他学校找不到俄语老师,还是上英语。

不夸张地说,沙依诺夫是七中俄语教学的奠基石。当时在七中,除了沙依诺夫是真资格的俄语老师之外,其他教我们俄语的老师都是由英语改行过来的,而且,他们的俄语都是跟沙依诺夫学的。为了普及俄语教学,对学生进行语音辅导,七中的广播室每天早上要播放广播体操乐曲,之后有十分钟的俄语教学,就是沙老和石老师会话,从最初的字母开始,俄语字母发音:

"阿、碑、魏、格、得"开始,然后就播放简单的单词和会话,从1952年下半年开始,一直延续到1954年秋季,前后有两年多。1954年学校从青龙街迁到磨子桥林荫街。

沙依诺夫的中文很差,他经常向学生请教,跟学生交流。他鼓励大家用俄语交流。七中当时有两栋教学楼,每栋教学楼有十六个班,两栋教学楼一共三十二个班。教学楼门口有个牌匾,写着"第一教学楼、第二教学楼"。有一次在大楼门口我突然遇上了沙依诺夫。他看着我,指着牌子问:"俄语中,这是什么?"

我用俄语说:"第一。"他不懂"第一"是什么意思,用俄语问:"阿经(一个)?"(问是不是"一个"教学楼?)我说不是,我说这是第一教学楼,顺序数词,他就懂了。我说那边是第二教学楼。

他个子不高,不到一米七,留着哥萨克胡子。性格很风趣,对人也很和善,非常好,非常亲近人,很值得尊敬的一个老者。他虽然没有直接教过我们,但是平时在学校遇到,很亲切地招呼一声,是非常亲近的一个人。

七中校友蓝台回忆:关于沙依诺夫,原来在同学中有很多传言,说他是俄罗斯贵族,开了一个卡车,带了一车东西,跑到中国来,给邓锡侯修过车,当过司机。似乎他的家庭出身很有问题,这是其一。第二他的女儿沙莉莉是个美女,跟我同年级,人很活跃,也贪玩,成绩不算好,没考上高中(实际上是因为体质弱,经常生病耽误学习)。我没亲眼目睹,但是同学们摆起来活灵活现,说有一次沙莉莉俄语不及格,沙依诺夫很生气:"你就是丢我的脸!"沙莉莉就回呛说:"你中文也没学好呀!"沙依诺夫被搞得很尴尬,耸一下肩膀摇一下头。

沙依诺夫喜欢当老师,喜欢教学,喜欢和学生们在一起。跟同学打成一片,所有同学活动他都参加。我们当时排一个话剧,叫《他和她的朋友们》,是罗佐夫写的一个三幕八场话剧,我去找他给我们当民俗顾问,他非常乐意。比如俄国人唤猫是咋个唤的?就是"КС,КС,КС,КС……"我听了觉得很安逸。以后排同学们这个戏时,他经常来,给我们讲有关俄罗斯民族的知识。

还有一次呢,在校园里碰到一个小同学在急急忙忙地跑,沙依诺夫一把抓住他,用俄语问:"Куда ты спешишь?"("你急着哪里去?")小同学尿胀慌了，半天憋不出俄语"厕所"来，他们没有学过厕所咋个说啊，灵机一动他用"嘘嘘"音吹口哨，"Я иду 嘘嘘！"相当于俄语里的пись！пись！意为"我上嘘嘘去！"沙老懂了，哈哈哈大笑，他很高兴，小同学也很高兴。

五、九十岁写下"口头禅"（白美鉴）

白美鉴不是七中的学生，但完全可以将他当作七中学生看待。

沙依诺夫经常提醒学生们，要练习口语会话，要想学好俄语，必须经常练习会话。1983年，沙依诺夫已九十岁高龄了，还在经常辅导"冒充"是他学生的三轮车工人白美鉴，为白美鉴和所有热爱俄语学习的人，写下"口头禅"。

白美鉴的笔记本上有两段话，那是沙依诺夫写下的"口头禅"。当沙依诺夫去世之后，第二年，1985年7月23日下午3点，白美鉴劳动之余，坐在成都西北方向的桃苑村茶铺，很虔诚地从挎包里取出一个塑料布包裹，打开包裹，里面是一个笔记本。他慢慢打开笔记本，翻到第二页，目光定定地看着顶格上端和中页，那是沙依诺夫写下的两段俄文，笔迹端正而遒劲。页面上留足了空白，是为将俄文翻译成中文而特意留白。

深切怀念着老师的白美鉴，取出钢笔，认真地将这两段俄文译成中文：

掌握俄语首先要学会说和听，然后学会读和写，读懂俄文书。

什么力量促使已满九十岁的我写这本小册子呢？尽力帮助正在学习俄语的同志这一心愿在激励着我。

白美鉴谈起翻译这两段俄语手迹时的心情：与其说当时是在完成沙老布置的身后作业，不如说更多地感受到了他对后来者的激励和鞭策。这两段话，在自己心中更深地埋下了一颗种子，一颗俄罗斯文化的种子。

附录三

多少话留在心上

吕　进

中国和俄罗斯都是文化厚重的文明古国。中国文化发端于农耕，俄罗斯文化发端于游牧，由此带来各自的一系列特征。但是，中国文化曾经是世界文化的高峰，具有融入他文化的强大的消化功能；俄罗斯文化是兼有欧亚双重特征的双头鹰文化，在东西方文化中带有"中间性"和"包容性"；中俄两国在地理上又是近邻。"远亲不如近邻"，这样的两种文化的交流就是一种必然。中俄文化交流算来已经有了近八百年的历史，从成吉思汗西征至今。这种交流的高峰是俄罗斯的十月革命、中国的五四运动前后和中华人民共和国成立初期，中俄文化两次在狂欢中拥抱，这种拥抱的基本品质是"以俄为师"，主要是俄罗斯文化给中国大地带来新视野、新思维和新梦想。

当下有一个流行很广的伪命题——"文化全球化"。在有些人笔下，文化全球化就是文化的西方化、美国化。其实，全球化特定的是指的科学和技术标准的一体化，和狭义的文化、文学无关。一种语言的存在就是对文化全球化的抵御，各个民族的语言文化绝对不会被所谓"全球化浪潮"所吞没。文化交流的灵魂恰恰就是彼此吸收营养，以推动多样化文化的发展，而不是相反。多样化的世界才是可爱的世界。

20世纪70年代开始，中俄文化的交流发生了重大的流向性变化。60年代中苏两国的执政党交恶带来中俄文化交流的停滞，而改革开放中的中国文化在迅猛发展的物质文明的基础上给徘徊中的俄罗斯造成冲击，带去思考。逐步恢复的中俄文化交流现在调了个头，它的基本品质是"以华为师"，中国文化深刻地影响着今日的俄罗斯。

我正是在这种语境下到达莫斯科大学的。从1993年秋到1994年春，我在莫斯科大学担任了半年的高级访问学者。中国教育部同意的我的课题是：《中国新诗在俄罗斯的翻译、出版与研究考察》，莫斯科大学指定的我的合作教授是谢曼诺夫，这是一位著名汉学家，也是中国北京大学的客座教授。莫斯科大学号称是欧洲智库之一，它的办学方式和治学方式带给我许多启发。莫斯科大学也给了我暖暖的情谊，我和汉学系主任卡拉别扬茨教授签署了西南师范大学中国新诗研究所与莫斯科大学汉学系结成友谊单位的协定书。在送别我的仪式上，汉学系送了我一件特殊礼物：折叠式的圣诞树。有一次我在系办公室，秘书玛尔伽丽达告诉我，办公室的圣诞树可以折叠起来，装进一个纸盒。我听后大感兴趣。说者无意，听者有心，在我离别莫斯科大学的时候，汉学系居然割爱，让我把这棵圣诞树带回中国。回国后我向中国诗歌界介绍情况，有些诗人此前对于自己的作品被译成俄语一无所知。《星星》诗刊还对我做了专访。

我在麻雀山（当时叫列宁山）的莫大主楼居住了半年，俄罗斯人的善良，他们的文化修养和艺术气质，尤其是老一辈对中国的友情，给我留下了很深的印象。我曾在北京《诗刊》上发表了一个组诗《风雪俄罗斯》，一共十首，老诗人臧克家读到后专门来信夸奖。这组诗里有一首《俄罗斯大妈》，写的全是我的亲身经历：

  人说俄罗斯盛产美女
  每一朵苹果花都令人心动
  花朵消隐，树枝低垂
  俄罗斯大妈就是北国的苹果
  战火硝烟中的卡佳和丹妮娅
  如今人们尊称她们的名字和父称

  俄罗斯大妈高高的，壮壮的
  在冬天戴着皮帽，穿着大衣
  挺着胸脯走路，带着庄重神情

像涂了唇膏、描了眉毛的将军

一次邂逅就会结识一位大妈
每位大妈都会向你打开内心
讲战争，讲家庭，讲退休金
讲对中国人的好感与友情
还会将家庭地址写给你
嘱咐你方便时一定光临

在俄罗斯，迷路时应该去问大妈
走向一位，就会有三位主动答问
还会有人调转自己的方向带路
走很远了，还感到那关切的眼睛

俄罗斯大妈随身带着大提包
拎着一家几代的重负与艰辛
在奶品店，在面包房，望着新的价目表
眉目间藏着无奈和叹息
侧着头低着眉看冰结的土地
羞涩地在市场上等待命运
但是她会突然间抬起头向我柔声喊道：
"带上帽子，外国人，今天很冷"

在俄罗斯，我最难忘的是大妈
在莫斯科，我最同情的是大妈
俄罗斯大妈是俄罗斯会说话的历史
俄罗斯大妈是俄罗斯的美丽与良心

《寻找沙依诺夫：俄罗斯人的成都传奇》是一本很有意思的读物，吸引读者眼球的当然是沙依诺夫的传奇，而寻找沙依诺夫又是另一个传奇。两个传奇叠加，传达的是中国与俄罗斯，中国人与俄罗斯人，文化的相遇与文化的相融。

沙依诺夫是我的老师，推动寻找沙依诺夫的是我当年在西南师范大学外语系俄语专业的学生，两个因素叠加，使我对这本书的兴趣倍增。我一直想帮助学生们做点什么，但是，事情太多，虽然早已是"70后"，仍然忙个不停：校内校外，国内国外。唯一能做的，就是抽出时间写出这篇文章吧！一篇文章难以尽诉衷肠，就像俄罗斯歌曲《莫斯科郊外的晚上》唱的那样："多少话留在心上。"

沙依诺夫那一代已经过去了，但是中俄的友谊却永远不会过去。这从刘勇以及他的大学校友宋立新、胡继明，从白美鉴、钟雪茹，都可以见证，也从柳芭、奥丽雅（虹韵）身上可以见证。我们这一代中国老人就更是普遍的都有俄罗斯情结：喜欢俄语，爱唱俄罗斯歌曲，钟情于俄罗斯的文学和艺术。我是俄语出身，曾是俄语专业高年级的主讲教师，后来和诗歌翻译家邹绛等一起发起成立外语系汉语教研室，在此基础上建立了中国第一家中国新诗研究所，我所接触的俄罗斯汉学界的朋友几乎人人都有浓得化不开的中国情结。俄罗斯诗人普希金说过："不论是多情的诗句，漂亮的文章，还是闲暇的欢乐，什么都不能代替无比亲密的友谊。"中国和俄罗斯的这种文化交流随处可见，随时可感，并不止于"中国年"或者"俄罗斯年"。我想起20世纪50年代在中国广为流行的一首俄语歌曲《莫斯科——北京》：

英雄的人民永远站起来，
淳朴的人民携手向前进。

……
莫斯科——北京，莫斯科——北京，
人民在前进，前进，向前进。
为光辉劳动，为持久和平，
在自由的旗帜下前进。

后　记

沙依诺夫的一生体现了普通人对生活的理解和追求。

沙依诺夫，一个小人物，跨越了中俄地理及文化的界限，在将近一个世纪的时间长度里，像一棵来自异域的大树，努力融合、努力学习、努力创建，终于将树根牢牢伸入中国的土壤岩缝之中，抓住并延续了生命的原初意义。

沙依诺夫的一生，是小人物的命运在大时代的矛盾冲突中挣扎求生的过程，折射出普通人善良、坚韧、悲悯、勇敢的人性光辉，体现了和平、友爱、融合、建设的时代主题。

白美鉴、刘勇，以及由沙依诺夫辅导过俄语学习的青年们，因沙依诺夫而相识，因见到过沙依诺夫手稿而感动，成了最终为翻译手稿发挥作用的人，都成了有缘分的人。缘分持续了二十多年，有的竟然超过了三十年、四十年、五十年甚至六十年！

寻亲团自发的"俄罗斯万里寻亲"之旅，除了没来得及找到沙依诺夫的亲人，留下些许遗憾外，其他活动都很有益也很愉快。大家感受到了俄罗斯人浓浓的友情，看到了俄罗斯辽阔的土地、茂密的森林、丰富的资源、古老的文化、精美的艺术，看到俄罗斯人民对自己国家伤痛历史的反思，感受到俄罗斯民族的伟大。

"寻找"没有结束，还在继续发展，广度和深度都在增加。近年来，中俄两国无论是官方还是民间，交往都很密切。只要有益于国家和民族，民间活动可以被官方重视，官方活动也可以向民间延展。

2013年5月14日，中国长江中上游地区与俄罗斯伏尔加河沿岸联邦区地方领导人座谈会在武汉召开，之后，双方异地会谈，决议形成机制，每年分别在对方国家举行一次主题座谈会（2014年5月在中国重庆，2015年在中国成都），都是落实中俄两国领导人关于扩大双方地方合作共识的重要举措，也是推动两国非毗邻地区、内陆地区合作的创举。

2014年10月12日至14日，中国国务院总理李克强对俄罗斯进行访问，他在《俄罗斯报》上发表了署名文章《让中俄友好合作之路越走越宽》。李克强认为："中俄人民的友谊源于历史的传承，又被赋予新的时代内涵。"他指出，中俄人文交流日益频繁，文化交融互鉴润物无声，两国民众每年往来人数已达三百多万次，双方的经济文化人文交流将更加深入密切。

今天，历经二十年的"寻找"，大家共同付出的心血，终于有了阶段性成果——《寻找沙依诺夫：俄罗斯人的成都传奇》终于付梓了！

二十多年前的1994年，很偶然的，刘勇和来蓉教学的柳芭教授一起，发现了沙依诺夫老人的"百年手稿"，他向成都电视台申报了采访选题，还得到四川省外办的大力支持，省外办与电视台组成新闻代表团，随政府代表团赴俄罗斯，与莫斯科州电视台签订了合作协议，邀请对方来成都合作拍摄《俄裔沙老师 蓉城六十年》。遗憾的是，由于苏联解体等原因，选题搁浅。

2012年，时隔十八年，柳芭教授再次来蓉，重提沙依诺夫手稿翻译与推广。

为了有效推进此事，俄语爱好群组成了策划团队，组织了沙依诺夫的学生、亲属等参加的十人"万里寻亲团"到俄罗斯访问，得到成都电视台、都江堰电视台的大力支持。四川省外办联系了俄驻华使馆、奥伦堡州政府等给予了帮助。

"寻亲团"先后访问莫斯科、奥伦堡、乌里扬诺夫斯克等城市和相关人员，收集视频图片等资料。

"寻亲团"回到成都，又进行新一轮寻访工作，沙依诺夫的亲属给予了大力协助，除提供了大量的资料线索外，还多次接受采访。沙依诺夫的学生，尤其是成都七中1950年代的学生沈际洪、银昌明、吕进、林文询、杨蔚增、兰台等老师回顾了沙依诺夫老师当年在校园内的风采，丰富了沙依诺夫的形象。

由俄语爱好群组成的翻译团队，经过反复的个别进行再加团队合作，全部利用业余时间，完成了沙依诺夫的文稿翻译。

在此基础上，重庆文史专家孙丹年，为本书两次赴成都，梳理已有文稿，挖掘历史资料，统稿并补充人物采访等，反复修改，完成主题定位、文字调整和结构编排。

从1994年发现沙依诺夫的手稿开始动笔，翻译时间跨度之长，编译寻访涉及面之广，编辑撰稿过程之曲折，多次搁浅又多次重启。一路走来，有沙依诺夫家人的委托以及俄罗斯总统语言委员会专家组专家、国立普希金俄语学院语言系主任、博士法里谢恩科娃·柳·维（Фарисенкова Любовь Викторовна）教授的鼓励和期待，乌里扬诺夫斯克的飞机工程师克里洛夫·乌拉基米尔·亚历山大洛维奇（Кириллов Владимир Александрович）的帮助和促进，俄语爱好群的坚持不懈，还得到了李波、李永勤、杜建华、胡继铭、林强、游章明、曾晓嘉、李轶、伍小川、郎琪、刘思芩、杨茂玲、黄兴洲、赵洪霞、虹韵等在内的许多俄语专业及爱好者同人、社会友好人士无私支持，终于在2014年形成初稿。

本书得到四川大学当代俄罗斯研究中心和成都市文学艺术联合会的资助，同时还得到了国家社会科学基金重大项目《中华民族伟大复兴的社会心理促进机制研究》（项目批准号：13&ZD155）的支持。书稿中的所用照片除署名外均为"成都俄语朋友圈和俄罗斯歌曲爱好者朋友圈"友情提供。"万里寻亲团"第二、第三次到俄罗斯访问，所有旅行证件、票务办理、宾馆预订等工作得到了四川中旅芳草东街店的大力协助。在此一并表示衷心的感谢！

"国之交，民相亲"，习近平主席这句话，对世界上任何国家都适用。世界各国人民都在不断推进政治、经济、人文的深入交流，老一辈人的交往成果可继续发光发热，新生代的交流必将开新枝发新芽。正所谓：海内存知己，天涯若比邻。

……

由于编译者能力有限，难免出现错漏，期待读者指教，以便修正！

Саинов